# Pesquisas em estudos da tradução e *corpora* eletrônicos no Brasil

DIVA CARDOSO DE CAMARGO,
CELSO FERNANDO ROCHA,
PAULA TAVARES PINTO PAIVA
(Orgs.)

# Pesquisas em estudos da tradução e *corpora* eletrônicos no Brasil

editora
unesp

Praça da Sé, 108
01001-900 – São Paulo – SP
Tel.: (0xx11) 3242-7171
Fax: (0xx11) 3242-7172
www.editoraunesp.com.br
www.livraria.unesp.com.br
feu@editora.unesp.br

CIP – BRASIL. Catalogação na fonte
Sindicato Nacional dos Editores de Livros, RJ

P564

Pesquisas em estudos da tradução e *corpora* eletrônicos no Brasil / Diva Cardoso de Camargo, Celso Fernando Rocha, Paula Tavares Pinto Paiva (orgs.). São Paulo: Editora Unesp, 2012.

Inclui bibliografia
ISBN 978-85-393-0384-7

1. Tradução e interpretação. I. Camargo, Diva Cardoso de II. Rocha, Celso Fernando III. Paiva, Paula Tavares Pinto.

12-9349 CDD: 418.02
CDU: 81'25

Este livro é publicado pelo projeto *Edição de Textos de Docentes e Pós-Graduados da UNESP* – Pró-Reitoria de Pós-Graduação da UNESP (PROPG) / Fundação Editora da UNESP (FEU)

Editora afiliada:

Asociación de Editoriales Universitarias de América Latina y el Caribe

Associação Brasileira de Editoras Universitárias

# Sumário

# Introdução

Tendo em vista os avanços e as contribuições que as pesquisas baseadas em *corpora* têm representado para a área dos Estudos da Tradução de um modo geral, este livro tem por objetivo apresentar parte dos resultados obtidos em pesquisas desenvolvidas no âmbito do Projeto PETra: Padrões de Estilo de Tradutores: investigação em *corpora* eletrônicos de traduções literárias, especializadas e juramentadas em nível de mestrado e doutorado. Coordenado pela professora Diva Cardoso de Camargo, o PETra é desenvolvido na Universidade Estadual Paulista "Júlio de Mesquita Filho" (Unesp), *campus* de São José do Rio Preto.[1]

No tocante aos trabalhos apresentados neste livro, os membros do grupo de pesquisas integradas pelo PETra, que hoje já se encontra em sua segunda versão (PETra II), buscaram desenvolver, por meio de uma abordagem interdisciplinar, característica a ser destacada no projeto, uma reflexão sobre suas vertentes teóricas de pesquisa, assim como descrições metodológicas e análises de aspectos relativos à tradução, com base em *corpora* eletrônicos de textos literários, especializados e juramentados.

1 Este projeto tem o apoio da Fundação de Amparo à Pesquisa do Estado de São Paulo (Fapesp) e do CNPq.

Com relação à tradução literária, a pesquisa baseada em *corpus* pode fornecer maiores possibilidades para identificar e explorar convergências e divergências entre os textos originais e as traduções, bem como os tipos de interação cultural presentes ao longo dos textos. Também permite melhor observação acerca das traduções nas línguas e culturas de chegada, bem como maior conscientização a respeito das soluções encontradas pelos tradutores profissionais ao lidarem com a tradução de textos que compõem o cenário da literatura brasileira. No caso da tradução especializada, assim como na tradução juramentada, a pesquisa a partir de *corpora* computadorizados permite a observação do léxico especializado e dos padrões de estilo dos tradutores selecionados para a análise. A observação da linguagem de especialidade utilizada pelos profissionais favorece o levantamento dos termos simples e complexos, das expressões fixas e semifixas e dos fraseologismos específicos de cada área, que possibilitam a compilação de glossários bilíngues.

Nesse sentido, serão apresentados os resultados oriundos de pesquisas desenvolvidas a partir da abordagem teórico-metodológica proposta por Camargo (2005, 2007), cujos fundamentos teóricos são apresentados no primeiro capítulo deste livro. A autora apresenta, no primeiro capítulo, os resultados colhidos em sua tese de livre-docência, os quais também deram origem a um livro (Camargo, 2007). Nesse capítulo, a autora conceitua a tradução literária, a tradução especializada e a tradução juramentada, para, em seguida, abordar a questão do estilo dos tradutores. As definições de *corpora* paralelos e comparáveis e sua relevância para os estudos apresentados no livro também são discutidos pela pesquisadora. Uma vez definidos esses conceitos, a autora passa a tratar da proposta de Baker (1993, 1995, 1996), a qual também fundamenta os estudos de traços característicos e distintivos das traduções literárias, especializadas e juramentadas junto ao conjunto de trabalhos do PETra. Uma vez tendo sido apresentado esse capítulo introdutório sobre os estudos dentro do grupo PETra, cada integrante apresentará os resultados obtidos em seu estudo.

No que diz respeito à tradução literária, apresentamos três capítulos, escritos por Lima, Bonalumi e Martins, respectivamente. No segundo capítulo, Lima apresenta em seu estudo uma das características da escrita de Clarice Lispector, a saber, a repetição de vocábulos, com base em um levantamento do *corpus* composto por algumas das obras da autora e de suas respectivas traduções. A autora observa quais aproximações e distanciamentos mais recorrentes estariam contribuindo para o efeito de normalização dos textos traduzidos, ou seja, como o tradutor adapta uma escrita tão peculiar como a de Clarice à língua e cultura alvo.

No terceiro capítulo, Bonalumi discute a hipótese da explicitação por meio de uma análise de marcadores de reformulação em duas obras literárias traduzidas para o inglês, uma escrita por Clarice Lispector e outra escrita por Lya Luft. A autora destaca que altas frequências de marcadores de reformulação tendem a indicar a formação de padrões de comportamento adotados pelo tradutor, podendo ser observadas como uma estratégia de fluência, a fim de facilitar o entendimento das obras no país a que se destina a tradução.

O quarto capítulo, escrito por Martins, examina a tradução de marcadores culturais presentes em duas obras do escritor João Ubaldo Ribeiro. Foram analisadas, nos respectivos textos de chegada, as escolhas do autotradutor e do tradutor profissional ao lidarem com diferenças culturais relacionadas aos marcadores culturais. Os resultados obtidos revelam que Ubaldo Ribeiro busca uma maior aproximação entre o leitor de língua inglesa e a mensagem do original. Já Landers recorre a adaptações a fim de tornar mais fácil a leitura do texto traduzido.

Uma das áreas especializadas representadas aqui é a da medicina, mais precisamente as subáreas de anestesiologia, cardiologia e ortopedia, que compõem os *corpora* de pesquisa de Paiva. A autora destaca, no quinto capítulo, o levantamento de termos a partir de palavras-chave para a elaboração de glossários bilíngues. Tais glossários visam auxiliar o tradutor especializado, uma vez que os glossários trazem os termos originais e os respectivos equivalentes acompanhados de seus contextos em ambas as línguas.

No sexto capítulo, Serpa apresenta um estudo semelhante, na área das ciências sociais, com vistas à elaboração de um glossário bilíngue com termos da economia e da ciência política. Para tanto, a autora usa como diretriz um *corpus* composto por autotraduções realizadas por Bresser-Pereira em textos da subárea de economia política e a tradução da obra mais conhecida de Fernando Henrique Cardoso na subárea de ciência política pela cientista social Marjory Mattingly Urquidi.

Com relação à tradução juramentada, apresentamos dois capítulos, o de Orenha-Ottaiano e o de Rocha. O sétimo capítulo, apresentado por Orenha-Ottaiano, visa discutir a questão dos padrões colocacionais identificados em estatutos sociais traduzidos no modo juramentado. Para possibilitar a realização dessa pesquisa, foi compilado um *corpus* paralelo constituído pelos referidos documentos, submetidos ao processo de tradução juramentada, nas direções tradutórias inglês→português e vice-versa. Além do *corpus* paralelo, foram construídos dois *corpora* comparáveis formados por estatutos sociais originalmente escritos em inglês e originalmente escritos em português.

No oitavo capítulo, Rocha analisa o uso do conjunto léxico mais frequente encontrado em um *corpus* constituído por contratos de compra e venda sob juramento, submetidos à tradução juramentada na direção inglês→português. Além disso, são observadas algumas evidências no uso, por parte dos tradutores públicos, de padrões lexicais em termos de variação individual e recorrente de vocabulário, destacando-se a maior complexidade apresentada pela recorrência de expressões fixas e semifixas.

Desse modo, esperamos que as pesquisas em traduções literárias, especializadas e juramentadas aqui apresentadas possam fornecer subsídios úteis a pesquisadores, profissionais e estudantes de tradução, assim como a especialistas de áreas relacionadas, ampliando possibilidades de futuras pesquisas e aprimoramento de conhecimentos.

*Os organizadores*

# 1
# As bases teóricas do projeto PETra: padrões de estilo do tradutor literário, especializado e juramentado

*Diva Cardoso de Camargo*[1]

## Introdução

O projeto PETra I: Investigação em *corpora* eletrônicos de traduções literárias, especializadas e juramentadas, iniciado no ano 2004, rendeu trabalhos acadêmicos, dos quais sete serão apresentados no escopo deste livro. Essa proposta, conforme será visto detalhadamente mais adiante, volta o seu foco para um estilo "de" tradução, por meio de uma abordagem multidisciplinar, envolvendo os estudos da tradução baseados em *corpus*, literatura comparada, linguística de *corpus* e terminologia.

Este capítulo introdutório visa apresentar a base teórico-metodológica que fundamentou todos os trabalhos dos integrantes da equipe, e que resultou em estudos multidisciplinares envolvendo diversas subáreas dos estudos linguísticos, dentre elas os estudos da tradução, a linguística de *corpus*, a terminologia e a lexicologia.

A relevância de tais investigações para o campo dos estudos da tradução se deve ao fato de tais pesquisas apontarem para um

---

1 Instituto de Biociências, Letras e Ciências Exatas (Ibilce), Universidade Estadual Paulista "Júlio de Mesquita Filho" (Unesp), *campus* de São José do Rio Preto.

direcionamento não só sobre o que o tradutor sabe sobre a língua de partida (LP) e a língua de chegada (LC), mas também para um maior interesse no que o tradutor faz com a LC. Por esse motivo, tem-se observado uma tendência em tomar por base exemplos autênticos, aumentando a necessidade do uso de *corpora* não somente para trabalhos de cunho linguístico, em todos os seus níveis (morfológico, lexical, sintático, semântico e até pragmático), como, em especial, tem crescido acentuadamente o interesse pelo emprego de *corpora* compostos de textos traduzidos (TT)[2] e de textos originalmente escritos numa determinada língua (TO).

Conforme destacado em nossa publicação anterior (Camargo, 2007), historicamente, até o início dos anos 1960, não se imaginava o quanto os estudos da tradução se desenvolveriam com o auxílio de ferramentas computacionais. No entanto, na década de 1990, Sinclair (1992, p.395) revelou que as pesquisas baseadas em *corpora* iriam causar um impacto considerável no campo da tradução:

> Espera-se que os novos recursos fornecidos pelo uso de *corpus* tenham um efeito profundo na tradução do futuro. Tentativas de tradução automática têm constantemente demonstrado aos linguistas que eles não têm conhecimento suficiente sobre as línguas em questão para efetuar uma tradução aceitável. Em princípio, os *corpora* podem fornecer a informação.[3]

---

2 Independentemente das abordagens teóricas, emprego, neste trabalho, a denominação de "texto traduzido" (TT) como sinônimo de "texto meta" (TM) ou "texto alvo" (TA); da mesma forma, a designação de "texto originalmente escrito numa dada língua" ou "texto original" (TO) corresponde a "texto de partida" (TP) ou "texto fonte" (TF). Analogamente, uso "língua de chegada" (LC) como correspondente a "língua meta" (LM) ou "língua alvo" (LA); e "língua de partida" (LP) como "língua fonte" (LF).

3 No original: "*The new corpus resources are expected to have a profound effect on the translation of the future. Attempts at machine translation have consistently demonstrated to linguists that they do not know enough about the languages concerned to effect an acceptable translation. In principle, the corpora can provide the information*". As traduções das citações são de nossa autoria.

Na opinião de Baker (1999, p.287), os estudos da tradução baseados em *corpus* tornaram-se um novo paradigma na área, atraindo, por isso, a atenção de teóricos renomados. Esse novo paradigma tem possibilitado "a identificação de tipos de comportamento linguístico que são específicos de textos traduzidos [...] os quais são gerados pelo processo de mediação durante a tradução"[4] (Baker, 1996, p.178).

Mesmo não lidando diretamente com investigações a partir de *corpus* eletrônico, Tymoczko (1998) reconheceu que a utilização de *corpora* para os estudos da tradução seriam relevantes para a sustentação e o desenvolvimento da disciplina neste século. A autora destacou que um *corpus* computadorizado seria uma forma eficiente para armazenar, acessar e pesquisar uma vasta quantidade de informações, muito maior do que seria possível a um ser humano examinar manualmente, sem auxílio de uma ferramenta eletrônica.

Nesse sentido, os estudos empíricos baseados em *corpora* de TT têm-se tornado cada vez mais variados e com diversas possibilidades de aplicação, explorando desde o conceito de mudança linguística (Catford, 1965) a investigações de características específicas da linguagem da tradução e seu impacto ideológico (Baker, 1993, 1996, 1999).

Os estudos científicos e sistemáticos baseados em *corpus* são importantes para os estudos da tradução, uma vez que permitem um melhor entendimento das possibilidades e das limitações das trocas linguísticas e culturais ocorridas no processo tradutório, melhor compreensão das convergências e divergências entre a LP e a LC, bem como uma percepção mais nítida do papel do tradutor e sua influência no processo tradutório.

Desse modo, acreditamos que os trabalhos que integram o Projeto PETra I permitirão assentar as bases metodológicas para o prosseguimento de novas pesquisas nesse campo, particularmente na investigação da tradução de textos literários, especializados e juramentados, à luz dos estudos da tradução baseados em *corpus*.

4 No original: "*To identify types of linguistic behaviour which are specific to translated text, [...] which are generated by the process of mediation during translation*".

## Alguns conceitos operacionais no âmbito do trabalho desenvolvido no Projeto PETra

Dada a natureza dos trabalhos aqui presentes, faz-se necessário, inicialmente, abordar a questão polêmica a respeito da distinção entre tradução literária e não literária e delimitar as expressões "tradutor literário" e "tradutor técnico", e, então, prosseguir com o caso da tradução juramentada e a expressão "tradutor juramentado". A seguir, esclareceremos o conceito operacional de "estilo" empregado para examinar o uso de padrões próprios, preferenciais e recorrentes dos tradutores em estudo. Depois, apresentaremos a definição dos termos "*corpus*", "*corpus* paralelo" e "*corpus* comparável", bem como a conceituação de "palavra", "vocábulo", "termo", "expressão fixa" e "unidade fraseológica" no âmbito do projeto.

## Distinção entre tradução literária e tradução especializada

Em relação ao ato tradutório, o "texto literário" é visto como valorizando os aspectos estético-estilísticos, de modo que a importância atribuída à linguagem empregada pelo autor é comparável à importância dada ao conteúdo do texto (Aubert, 1991, p.66). Desse modo, a tradução de textos literários poderia ser considerada como tendente a exigir um paralelismo à forma original.

Por sua vez, sob a denominação genérica de "texto especializado" (Berman, 1971), ou de "texto técnico" (Newmark, 1981, 1982), ou de "texto pragmático" (Aubert, 1998), são abarcadas diversas estruturas textuais. No processo tradutório, as abordagens, embora não sejam homogêneas, apresentariam uma tendência para buscar uma adaptação às formas comumente aceitas na língua/cultura de chegada. Esse vasto campo da tradução pode ser subdividido em vários subgrupos específicos, dentre eles: textos científicos de diversos domínios das Ciências Exatas, Biológicas e Humanas; textos descritivos e instrucionais, de conteúdo tecnológico ("técnicos" no sentido estrito do termo); textos corporativos; textos jurídicos; textos jornalísticos; textos promocionais (publicidade, propaganda, anúncios); textos referentes a balanços patrimoniais e demonstrativos financeiros; textos que abordam temas outros, como meio ambiente, comportamento social etc.

"Tradutor literário" e "tradutor técnico" referem-se ao tradutor profissional que se dedica especificamente ou à tradução de textos literários ou à tradução de textos especializados. Tal uso mostra-se coerente com os modelos teóricos que adotamos para a observação de *corpora* de TT, e encontra apoio nos estudos de Newmark (1981, 1982), Aubert (1996) e Berman (1971).

Ainda que teóricos da corrente de pensamento de base textual e pós-estruturalista questionem a oposição científico *versus* literário, como Arrojo (1984, 1993) e Rodrigues (1990, 2000), na área da tradução, a distinção entre a tradução literária e outros tipos de tradução mostra-se uma questão polêmica, porquanto constitui hábito arraigado diferenciar duas grandes categorias tradutórias, referentes à categoria da tradução literária e à da tradução não literária (Aubert, 1996). Também a tradição tem diferenciado as duas categorias de tradução por meio de outra nomenclatura: de um lado, a tradução literária; de outro, a tradução técnica (esse termo tomado na sua acepção mais ampla), ou sob a denominação de tradução pragmática, ou ainda, de tradução especializada. Para as duas tipologias de tradução, sugerimos o consenso geral de que o conteúdo seja considerado essencial.

Subjacente às referências de tradução literária e de tradução técnica ou especializada, tem-se a hipótese de Newmark (1981, 1982) de haver uma correlação estreita entre tipologia textual e tipologia tradutória, ou seja, a de que cada tipo de texto requer uma abordagem tradutória correspondente. Tendo instituído o princípio do efeito equivalente como sendo a linha mestra da tradução, Newmark (ibidem, p.132) vincula o método semântico ou comunicativo às funções da linguagem. Para a tradução literária, em virtude do predomínio da função expressiva, preconiza que o tradutor se valha da tradução semântica, pelo maior emprego da tradução literal, enfatizando o TO e o uso pessoal que o escritor faz da linguagem, bem como a obrigatoriedade da tradução de neologismos e metáforas originais. Já para os textos técnicos ou especializados em que prevalece a função informativa ou a vocativa, recomenda a tradução comunicativa, por estar voltada para o efeito equivalente, com ênfase no texto da LM; procede-se à transposição de sentido das metáforas originais, mas não são permitidos os neologismos, a menos que uma justificativa seja dada.

Também Aubert (1996, p.8) corrobora a hipótese de que existe uma correlação entre tipos de texto e tipos de tradução; porém, destaca que essa correlação não se dá "em termos determinísticos ou automáticos", uma vez que um dado texto a ser traduzido pode ter uma intenção tradutória diferente da do texto original. Distingue três tipologias de tradução: a literária, a pragmática e a juramentada. Caberá à tradução de textos literários, segundo o autor, ora uma prioridade à forma de partida (como na escola alemã, com Schleiermacher), ora uma valorização da equivalência estética (como na tradição francesa das *belles infidèles*), ora uma opção do tradutor por uma posição intermediária entre essas duas oscilações. Por sua vez, Aubert (1996) inclui os textos técnicos, publicitários e demonstrativos financeiros no campo da tradução pragmática. Tenderá a tradução de textos técnicos a priorizar uma assimilação perfeita do leitor do TT com o menor índice possível de desvios formais e culturais na LC, sem se preocupar, a não ser eventualmente, com a equivalência estética.

Ainda sobre a questão da tradução literária e do tradutor literário, bem como da tradução técnica ou especializada e do tradutor técnico, pode-se tomar como apoio teórico a fundamentação fornecida por Berman (1971), a fim de levantar mais alguns dos seus traços distintivos. A tradução literária pertence, segundo o teórico francês, ao campo da produção humana: as obras ocupam um *espaço* na cultura humana desde tempos imemoriais, e as obras literárias assemelham-se, condensam-se, articulam-se e manifestam o nosso ser-no-mundo. Conforme a visão de Goethe (apud Berman 1971, p.9-15), ao migrarem, via tradução, de uma língua para outra, provocam mudanças na significação e na abrangência da obra original.

Já consoante à concepção de Even-Zohar (1978, 2000) e de Toury (1978, 2000), passam a interagir com os demais sistemas de produção textual de uma determinada cultura de chegada. Por sua vez, o campo relativamente recente da tradução especializada constitui--se, de acordo com Berman (1971), no espaço da comunicação delimitado pelo domínio da terminologia e das ciências técnicas. A imensa gama de mensagens quer em nível nacional quer em nível mundial visa, sobretudo, a um fluxo informativo dentro dos três parâmetros da confiabilidade, rapidez e rentabilidade. Para o autor, a regra da confiabilidade da tradução especializada contrapõe-se à *lei* da "fidelidade" da tradução literária. Apesar de nunca promulgada, ressalta que essa lei não é menos real e que não implica uma literariedade primária, porquanto uma fidelidade à *letra* e à *tessitura* da obra admite uma variedade de formas sutis de transformação. Pode-se acrescentar que, para Berman (1971), é radical a diferença existente entre a tradução literária e a tradução especializada, e maior ainda é a diversidade entre os espaços dessas duas práticas, o que remete, consoante o teórico, à inexequibilidade de um mesmo tradutor poder investir igualmente nas duas práticas. A diferença entre os dois tipos de tradução manifesta-se, pois, também empiricamente, dado que poucos tradutores literários são também tradutores especializados, e vice-versa.

As distinções levantadas pelos três teóricos entre o texto literário, de um lado, e os textos técnicos e pragmáticos, ou especializados, de outro, não são, todavia, de modo algum, estanques, porquanto existem múltiplas interferências entre os tipos de textos. Na prática, toda tradução é criativa e os dois métodos newmarquianos de tradução não se mostram antagônicos, pois se pode traduzir um mesmo texto semântica e comunicativamente. Por sua vez, Aubert (1998), ao confirmar a existência de uma correlação entre tipo de texto/tipo de tradução, também esclarece que pode surgir um conflito entre a intenção comunicativa do TO e a intenção comunicativa dominante na execução do TT, o qual gerará distorções no processo tradutório. Mesmo com Berman (1971) estabelecendo uma polarização bastante acentuada entre a tradução literária e a tradução especializada, as duas práticas parecem ratificar as concepções do teórico no que diz respeito à constatação de que, em geral, não se encontram, salvo casos excepcionais, grandes tradutores literários que sejam também grandes tradutores técnicos.

## O caso da tradução juramentada

De acordo com a conceituação dada por Aubert (1998, p.14), entende-se por tradução juramentada:

> a tradução de textos – de qualquer espécie – que resulte em um texto traduzido legalmente reconhecido como uma reprodução fiel do original (com *fé pública*). Esta característica de fidelidade, por sua vez, significa que, por meio de tal tradução, o texto original, expresso em um idioma estrangeiro, torna-se capaz de produzir efeitos legais no país da língua de chegada e, ainda, que tal tradução é correta, precisa, exaustiva e semanticamente invariante em relação ao original (obviamente, dentro dos limites dos meios de expressão disponíveis nas respectivas língua/culturas que se confrontam no ato tradutório específico).

Para exercer o ofício de tradutor juramentado no Brasil, além da idade mínima de 21 anos e da qualidade de cidadão brasileiro nato ou naturalizado, são necessários, dentre outros requisitos, a aprovação em concurso de prova escrita (versão de um trecho para idioma estrangeiro e tradução de um trecho para o português) e de prova oral (leitura, tradução para idioma estrangeiro e para o português, e arguição em ambos os idiomas), bem como a nomeação concedida pela Junta Comercial.

As traduções executadas no modo juramentado devem ser transcritas num "livro", conforme estabelece o Decreto n.13.609, de 21 de outubro de 1943:

> Art. 33. Haverá em cada ofício [de tradutor público] um livro "Registro de Traduções", encadernado e numerado em todas as

> suas folhas que, com isenção de selos e emolumentos, serão rubricadas pela Junta Comercial ou órgãos encarregados do registro do comércio.
>
> Parágrafo único. Serão cronologicamente transcritas nesse livro, *verbum ad verbum*, sem rasuras nem emendas, e devidamente numeradas todas as traduções feitas no mesmo ofício.
>
> Art. 34. Vago um ofício de tradutor, o livro mencionado no artigo antecedente passará a pertencer ao seu sucessor, devendo para isso ser imediatamente entregue à repartição que tiver de fazer a nomeação.

Como os livros são depositados na Junta Comercial da Unidade Federativa em questão, a aplicação dessa norma ao longo do tempo resultou na constituição de um rico testemunho da prática da tradução juramentada no Brasil, passível de conversão em *corpora* para diversos fins de investigação linguística, sociológica e histórica (Aubert; Tagnin, 2003).

O Poder Judiciário ou qualquer repartição ou autarquia federal, estadual ou municipal estabelece a tradução juramentada como um dos requisitos para dar entrada e andamento de processos que contenham documento produzido no exterior. Tal exigência baseia-se no Código Civil, em seu artigo 140, pelo qual um documento redigido em idioma estrangeiro, proveniente de outro país, deve ser traduzido para o vernáculo. Também consoante o Código de Processo Civil, o artigo 157 reza que "só poderá ser junto aos autos documento redigido em língua estrangeira quando acompanhado de versão em vernáculo, firmada por tradutor juramentado".

A tradução juramentada pode também ocorrer na direção inversa, quando em determinados países for solicitado que um documento originalmente escrito em português, quer pertencente a pessoas físicas, quer a instituições públicas ou privadas, seja apresentado junto com a respectiva tradução executada no modo juramentado.

Nesse sentido, uma das chaves para o entendimento entre as nações pode estar na tradução juramentada, o que destaca a sua grande relevância para o Brasil. Em decorrência, também se evidencia a grande responsabilidade que recai sobre o tradutor juramentado, que necessita buscar as expressões que melhor se encaixem no texto, conferir e reconferir suas traduções, atualizar seus conhecimentos, a fim de melhor servir seu mister sempre exigente e desafiante.

Dadas a diversidade e a dificuldade dos textos traduzidos na modalidade juramentada, aumenta continuamente a procura por um aprendizado e treinamento específico por parte de estudantes de tradução e de profissionais ainda não juramentados. No entanto, não são ministradas, via de regra, disciplinas que abordem a natureza e as características da tradução juramentada em cursos destinados à formação de tradutores em nível de graduação, pós-graduação e especialização, oferecidos por instituições públicas ou privadas.

A esse quadro junta-se o fato de que é bastante escassa a literatura especializada a respeito da matéria, embora seja a tradução juramentada uma das atividades da área de serviços regulamentada há mais tempo no Brasil, constando os primeiros dispositivos legais das antigas *Ordenações Pombalinas*, em 1781 (cf. Aubert, 1998), e a primeira regulamentação do ofício estabelecida pelo Decreto 863, de 17 de novembro de 1851 (cf. Campbell, 1983).

Uma vez especificado o que entendo por tradução literária, especializada e juramentada, cabe abordar o conceito de estilo aqui adotado para identificar o uso de padrões específicos de variação vocabular apresentado por cada tradutor representado nos *corpora*.

## A questão do estilo dos tradutores

Com referência ao termo "estilo", ainda hoje a sua conceituação não obteve um consenso por parte das disciplinas da crítica literária e da estilística. Também o mesmo ocorre quanto ao emprego de concepções de estilo para a tradução, porquanto as várias tentativas têm abordado as escolhas "boas" ou "más" feitas por determinados tradutores ou, mais frequentemente, têm prescrito regras para a seleção de estratégias tradutórias específicas a partir de tipos de texto ou registro. Esse fato reflete que tanto nos estudos literários como nos estudos linguísticos, a noção de estilo está tradicionalmente associada quer a um dado escritor ou orador (ex.: os estilos de Steinbeck, Guimarães Rosa, Graciliano Ramos, Winston Churchill, Joaquim Nabuco, Rui Barbosa), quer a características estilísticas específicas de textos produzidos num dado período literário (exemplo: barroco, romantismo, modernismo), quer a características linguísticas associadas a textos produzidos por grupos específicos de usuários da língua e num contexto institucional específico (exemplo: o estilo de editoriais, patentes, sermões). Em decorrência, os estudos da tradução herdaram dos estudos literários a valorização do "original" e a preocupação com o estilo do autor, sua individualidade e criatividade, mas somente para descrever como as características estilísticas do escritor poderiam elucidar o processo de tradução da sua obra. Subjacente a tais associações com a escritura "original", caberia ao tradutor a [impossível] incumbência de não ter estilo próprio, e simplesmente reproduzir, da maneira a mais impessoal, o estilo do autor. Da linguística, foi passado para os estudos da tradução o interesse pela observação do estilo de grupos sociais de usuários da língua, a fim de analisar como os registros linguísticos (exemplo: discurso jurídico, "jargão" médico, linguagem literária) ou como as características de tipos de texto diversos (exemplo: textos técnicos, jornalísticos, literários) podem trazer informações para o ato tradutório. Tais estudos visam, em sua maioria, oferecer um ponto de partida para identificar características distintivas do TO, a fim de reproduzi-las na tradução ou observar desvios da norma por parte do tradutor.

Até recentemente, pouco se havia investigado sobre o estilo de determinado tradutor, ou grupo de tradutores, ou *corpus* de material traduzido que pertença a certo período literário ou a uma dada tipologia textual. Somente nas últimas décadas a presença do tradutor no texto ou, mais especificamente, de traços individuais que essa presença deixa no texto começou a receber certa atenção da literatura sobre tradução. Contudo, o enfoque tem-se ainda restringido: a) ou para a avaliação da qualidade das traduções; b) ou para a descrição de tendências gerais do TT em relação ao TO, mas ignorando as idiossincrasias do tradutor; c) ou para a descrição da intervenção do tradutor apenas no tocante a acréscimos de material paratextual ou glossários. Dentre os modelos mais conhecidos, tem-se o de House (1977, 1981, 1997), que descreve o texto fonte (TF) quanto a peculiaridades linguísticas (dimensão do usuário da língua) e peculiaridades situacionais (dimensão dos usos da língua), comparando o TF e o texto meta (TM) quanto a aproximações relativas entre ambos. Todavia, consoante à afirmação de Baker (2000, p.242), esse modelo não fornece um tratamento sistemático da noção de estilo, porquanto o que permite descrever não seria tanto o estilo do TF ou do autor, e também não seria o estilo da tradução ou do tradutor, mas os pontos onde os dois textos divergem ao longo apenas das duas dimensões mencionadas. Nos últimos anos, alguns teóricos da tradução têm enfatizado a presença do tradutor; no entanto, não apresentam nenhuma demonstração dos traços efetivamente deixados nos TT. Venuti (1992, 1995, 1998) recrimina a transparência como efeito ilusionístico da presença do autor que seria [supostamente] alcançada pelas estratégias da tradução "domesticadora" e advoga a visibilidade do tradutor por meio de estratégias de resistência da tradução "estrangeirizadora", mas sem explicitar quais seriam as marcas de uma "fidelidade abusiva". De modo análogo, Hermans (1996) claramente reconhece a voz do tradutor; porém, focaliza especialmente a "voz do outro" no que tange ao emprego autorreferencial de primeira pessoa nas notas do tradutor.

No que concerne à tradução, a noção de estilo poderia incluir a escolha, pelo tradutor, de material a ser traduzido, a utilização consistente de estratégias tradutórias da parte de cada tradutor (incluindo o uso de prefácios, glossários, notas de rodapé etc.) e, sobretudo, o modo de expressão que é típico de um dado tradutor (mais do que simplesmente instâncias de intervenção aberta de material extratextual).

Por seu turno, mesmo com as disciplinas da Crítica Literária, da Estilística e dos Estudos da Tradução não tendo chegado a um consenso geral sobre a concepção de estilo, Munday (1997, p.117) explica que a Estilística Computacional (embora sendo ainda uma disciplina relativamente nova, e não existindo um arcabouço consolidado para estudos na área) parece já ter mais estabelecido o conceito básico de perfil estilístico apoiado em medidas estatísticas. No campo geral da estilística computacional, o conceito de estilo é visto como um fenômeno quantitativo, destacando-se as linhas de investigação desenvolvidas por Leech e Short (1981) sobre frequência e estilo, e por Biber e Finegan (1986) sobre análise de características múltiplas. Butler (1985), outro pesquisador importante nesse campo, descreve estudos que usam a estatística para observar aspectos estilísticos de determinados textos, autores e gêneros, e para examinar grandes quantidades de características linguísticas de textos individuais (incluindo a frequência e a extração de palavras mais comuns) numa tentativa de isolar o perfil estilístico ou "marca digital", útil em casos de atribuição de autoria ou de determinação da cronologia dos textos. Contudo, Munday (1997, p.117) é de opinião de que "deveria ser possível desenvolver um perfil estilístico amplo, além de sistemático, dos *corpora* sem ter de recorrer a estatísticas demasiadamente complexas de frequência de palavras".[5]

Dado que o conceito de estilo tem-se mostrado ainda de difícil definição, este trabalho sobre o estudo do estilo dos respectivos tradutores representados nos *corpora* optou por fundamentar-se na noção fornecida por Baker (2000, p.245-6), que entende:

> estilo como uma espécie de impressão digital que fica expressa [no TT] por uma variedade de características linguísticas [...] as quais estão provavelmente mais no domínio do que algumas vezes é chamado de "estilística forênsica" que no da estilística literária (Leech e Short, 1981, p.14). Tradicionalmente, a estilística literária focaliza o que se assume serem escolhas linguísticas conscientes da parte do autor, porque os estilistas literários estão principalmente interessados na relação entre as características linguísticas e a função artís-

5 No original: "*it should be possible to carry out a broad, yet systematic, stylistic profiling of corpora without resorting to overcomplex word statistics*".

tica, em como um dado autor obtém certos efeitos artísticos. Por outro lado, a estilística forênsica tende a focalizar hábitos linguísticos razoavelmente sutis e moderados que estão bem acima do controle consciente do autor e que nós, como receptores, registramos, na maioria das vezes, de forma subliminar. Todavia, como ambos os ramos da estilística, estou interessada em padrões de escolha (quer essas escolhas sejam conscientes ou subconscientes) mais do que em escolhas individuais isoladas.[6]

Dessa maneira, partindo da concepção de Baker e almejando observar o perfil estilístico dos tradutores escolhidos para exame, propomos um conceito operacional de "estilo" como sendo os padrões de escolha próprios, recorrentes e preferenciais dos respectivos tradutores literários, tradutores técnicos e tradutores juramentados, referentes ao uso individual e distintivo do vocabulário em relação a variações mais altas ou mais baixas de formas (vocábulos: *types*) e de itens (ocorrências: *tokens*) nos TT selecionados.

Dentre as diversas conceituações de estilo oferecidas pela linguística, pela literatura e pela estilística computacional, propomos essa delimitação da noção de estilo, voltada para o perfil dos padrões de escolha vocabular feita consciente ou inconscientemente por cada um dos tradutores em pauta, por mostrar-se a mais adequada às necessidades de investigação que tencionamos empreender.

---

6 No original: "*style as a kind of thumb-print that is expressed in a range of linguistic features [...] which are probably more in the domain of what is sometimes called "forensic stylistics" than literary stylistic (Leech and Short, 1981, p.14). Traditionally, literary stylistics has focused on what are assumed to be conscious linguistic choices on the part of the writer, because literary stylisticians are ultimately interested in the relationship between linguistic features and artistic function, in how a given writer achieves certain artistic effects. Forensic stylistics, on the other hand, tends to focus on quite subtle, unobtrusive linguistic habits which are largely beyond the conscious control of the writer and which we, as receivers, register mostly subliminally. But like both branches of stylistics, I am interested in patterns of choice (whether these choices are conscious or subconscious) rather than individual choices in isolation*".

Dessa forma, os trabalhos ora apresentados não estão voltados para o sentido tradicional de examinar se o estilo do autor foi adequadamente transposto "na" tradução, mas, sim, direcionam o foco para um estilo "de" tradução. Apesar das dificuldades que uma investigação de um estilo "de" tradução possa acarretar, a importância, para a disciplina, dessa mudança de enfoque aponta para a necessidade de estudos que proponham abordagens que possibilitem a identificação da presença do tradutor no TT, referente ao uso de padrões estilísticos próprios, específicos do TT ou que ocorram em frequências significativamente mais altas ou mais baixas no TT do que em relação ao estilo do autor, do TO e do par linguístico envolvido. Nesse sentido, os trabalhos do Projeto PETra pretendem contribuir com os estudos sobre o tema, além de procurar, nas direções para o português e para o inglês, identificar semelhanças e diferenças da tradução literária, da tradução especializada e da tradução juramentada, encontradas nos textos representados nos *corpora* das pesquisas apresentadas neste livro.

## Conceituação de *corpus*, *corpus* paralelo e *corpus* comparável

A construção de um *corpus* para os estudos linguísticos e, em nosso caso, para que sejam realizados trabalhos voltados para o fenômeno da tradução deve seguir certos pré-requisitos determinados de antemão pelo pesquisador para que, a partir desse *corpus*, seja possível extrair resultados relevantes para sua área de estudo. De acordo com Sinclair (1991, p.171) existem três definições que consideram o *corpus* como um artefato produzido para a pesquisa. Na primeira, o pesquisador afirma que um *corpus* seria "uma coletânea de texto naturais ("*naturally occurring*"), escolhidos para caracterizar um estado ou variedade de linguagem". Além disso, Sinclair acrescenta que esse seria "um corpo de linguagem natural (autêntica) que pode ser usado como base para pesquisa linguística" (ibidem).

Cinco anos mais tarde, o pesquisador apresenta uma síntese da definição de *corpus* ao afirmar que esse seria: "uma coletânea de porções de linguagem que são selecionadas e organizadas de acordo com critérios linguísticos explícitos a fim de serem usadas como uma amostra da linguagem" (Sinclair, 1996, p.4).

Acrescentamos às definições de Sinclair o conceito que Berber Sardinha, pesquisador renomado no Brasil e no exterior, citando Sánchez, acredita ser o mais completo para a definição de um *corpus* computadorizado:

> um conjunto de dados linguísticos (pertencentes ao uso oral ou escrito da língua, ou a ambos), sistematizados segundo determinados critérios, suficientemente extensos em amplitude e profundidade, de maneira que sejam representativos da totalidade do uso linguístico ou de algum de seus âmbitos, dispostos de tal modo que possam ser processados por computador, com a finalidade de propiciar resultados vários e úteis para a descrição e análise. (Sánchez, 1995, p.8-9, apud Berber Sardinha, 1999, p.12)

Por sua vez, a concepção de *corpus* fornecida por Baker (1995, p.226) explicita a preferência pela análise por meio de computador:

> *Corpus* é um conjunto de textos naturais (em oposição a exemplos/sentenças), organizados em formato eletrônico, possíveis de serem analisados, preferencialmente, em forma automática ou semi-automática (a manualmente).[7]

Como existem controvérsias a respeito da terminologia empregada para identificar os tipos de *corpora*, Baker (1995, p.230) esclarece que podem ser utilizados três tipos principais em pesquisas na área da tradução:

---

7 No original: "*Corpus mean*[s] *any collection of running texts (as opposed to examples/sentences), held in electronic form and analysable automatically or semi-automatically (rather than manually).*"

- *corpus* paralelo – composto de TO em uma determinada língua (língua de origem) e suas respectivas traduções em outra língua (língua de tradução). Esse tipo de *corpus* permite pesquisar traduções consagradas de certos itens lexicais ou estruturas sintáticas, peculiaridades de determinado(s) tradutor(es), diferenças entre traduções de um mesmo texto, produzidas em períodos diversos, normas tradutórias etc.
- *corpus* multilíngue – consiste em um conjunto de dois ou mais *corpora* monolíngues, sendo cada *corpus* em uma língua diferente; e
- *corpus* comparável – consiste em dois conjuntos de textos em uma mesma língua: um composto de TO e outro de TT para a língua em questão, a partir de uma única LF ou de diversas LF.

A importância do *corpus* paralelo é mostrada por Baker (1995, p.230-1), ao enfatizar que:

> os *corpora* paralelos irão, em breve, tornar-se indispensáveis fornecendo materiais para redação, treinamento de tradutores assistido por computador e melhoria no desempenho de sistemas de tradução automática. De modo geral, a contribuição mais importante para a disciplina é a de que dão respaldo para a mudança de foco da *prescrição* para a *descrição*. Permitem que se estabeleça, objetivamente, como os tradutores superam as dificuldades na prática tradutória, e possibilitam usar essa evidência para fornecer modelos reais para os tradutores em treinamento. Também têm um papel importante na exploração de normas de tradução em contextos históricos e socioculturais específicos.[8]

8 No original: "*Parallel corpora will quickly become indispensable in materials writing, computer-aided translator training and improving the performance of machine translation systems. Their most important contribution to the discipline in general is that they support a shift of emphasis from* prescription *to* description. *They allow us to establish, objectively, how translators overcome difficulties of translation in practice, and to use this evidence to provide realistic models for trainee translators. They also have an important role to play in exploring norms of translating in specific socio-cultural and historical contexts.*"

Quanto aos *corpora* comparáveis, Baker (1995, p.235) destaca que o seu acesso "possibilitaria identificar padrões que são ou restritos ao TT ou que ocorrem em frequências significativamente mais altas ou mais baixas no TT do que em relação aos TO".[9]

Outra definição de *corpus* comparável é a apresentada por Tognini-Bonelli (2001, p.134-5). Para essa pesquisadora, o ideal é que seja composto de: um *corpus* comparável de TO na língua 1 (L1, no presente caso, a língua portuguesa); um *corpus* de estudo com os TT em questão (o qual pode ser ou não um *corpus* paralelo[10]); e um *corpus* comparável de TO na L2 (no caso, a língua inglesa).

Para a formação de um *corpus* computadorizado, é necessário ainda se ter em mente determinados pré-requisitos, dentre eles a representatividade, a extensão, a especificidade e a adequação. No tocante à representatividade, duas questões podem ser enfocadas: "representativo do quê?" e "para quem?", as quais também estão atreladas à extensão do *corpus*. No entanto, não há critérios objetivos para determinar a representatividade, dado que não se pode demonstrar, nesse estágio do conhecimento dos fenômenos de larga escala da linguagem, qual seria a dimensão total da população e, em decorrência, qual seria uma amostra representativa. Por essa razão, Berber Sardinha (2004, p.25) coloca que são "os usuários de um *corpus* que atribuem a ele a função de ser representativo de certa variedade", e enfatiza que "o ônus de demonstrar a representatividade da amostra e de ser cuidadoso em relação à generalização dos seus achados para uma população inteira é dos usuários" (ibidem). Por sua vez, Marcuschi (2001, p.10) lembra que "a representa-

---

9 No original: "*Access to comparable corpora should allow us to capture patterns which are either restricted to translated text or which occur with a significantly higher or lower frequency in translated text than they do in originals.*"

10 Conforme explica Tognini-Bonelli (2001, p.134): "*Step 2 in the process* [of comparison by means of a comparable corpus] *will consider L1 and L2 and will posit a* prima-facie *translation equivalence for each meaning/function. [...] If a parallel corpus is available, the process will be enriched* by *access to past translations. If this is not available, as in the case of this study, this step has to rely on information taken from traditional reference books such as dictionaries and grammars or past experience on the part of the analyst*".

tividade não é primeiramente uma questão de quantidade, e sim de seletividade dos dados, pois nem tudo na língua tem a mesma representatividade".

Embora a extensão seja um critério fundamental para a representatividade, pouco se tem pesquisado sobre os tamanhos mínimos representativos de *corpora*. Para a constituição de um *corpus* de estudo, Berber Sardinha (2004, p.98) comenta que a extensão mínima necessária depende do que se tem a intenção de investigar, e também da especialização do *corpus*. Numa abordagem histórica, fundamentada na observação dos *corpora* usados segundo quatro anos de conferências de linguística de *corpus*, Berber Sardinha (2004, p.26) sugere a seguinte classificação:

| Tamanho em palavras | Classificação |
|---|---|
| Menos de 80 mil | Pequeno |
| 80 a 250 mil | Pequeno-médio |
| 250 mil a 1 milhão | Médio |
| 1 milhão a 10 milhões | Médio-grande |
| 10 milhões ou mais | Grande |

No que concerne à especificidade, é considerada como um modo de atingir a representatividade, ao delimitar-se ao máximo a variedade incluída em um *corpus* (por exemplo, o tipo de texto). Em *corpora* contendo uma variedade específica da linguagem ocorre maior padronização e, em decorrência, menor variação do léxico, da gramática ou do discurso. Já em *corpora* gerais ou de referência, é pequeno o número de textos de um domínio específico. Por esse motivo, "normalmente *corpora* compilados em pequena escala por pesquisadores individuais acabam sendo mais representativos do que os respectivos subcorpora dos *corpora* gerais" (Berber Sardinha, 2004, p.28).

Além da representatividade, outro critério fundamental na composição de um *corpus* é a adequação aos interesses do pesquisador. A adequação é tomada como certa, pois "assume-se que o *corpus* com o qual se esteja lidando e as perguntas feitas sejam adequados aos propósitos da investigação" (ibidem, p.18). A respeito do problema central da adequação, Marcuschi (2001, p.10) não a coloca em termos de representatividade, mas como "adequação a uma indagação específica".

## A proposta de Baker

Com base nas pesquisas de Even-Zohar (1978, 2000), relativas ao enfoque no sistema da literatura traduzida, e de Toury (1978 / 2000), referentes a normas que governam esses sistemas, bem como às bases iniciais para pesquisas em *corpora* de TT, vale-se também Baker (1993) de uma nova "virada" dentro dos estudos linguísticos para fundamentar a constituição da disciplina de estudos da tradução por meio da natureza do TT. Em razão da mudança de uma perspectiva conceitual e semântica da linguagem (com estudos baseados na introspecção) para uma perspectiva situacional e de uso da linguagem (com estudos voltados para o contexto), essa virada leva a uma mudança nos métodos de investigação dos estudos linguísticos, passando a solicitar o acesso a dados reais e a uma grande quantidade de dados para observações sobre o uso da linguagem.

Desse modo, para lançar a sua proposta de estudos da tradução baseados em *corpus*, Baker (1993), além da vertente dos estudos descritivos da tradução fornecida, sobretudo, por Toury (1978, 2000), também se apoia na corrente de pensamento oferecida pela linguística de *corpus*, especialmente pelas contribuições de Sinclair (1991).

Por meio de uma coleção de *corpora* computadorizados para estudos lexicológicos, bem como do desenvolvimento de uma metodologia de pesquisa que possibilita investigações acima das limitações humanas e minimiza a dependência da intuição, Sinclair (1991) traçou os caminhos da maioria das pesquisas em linguística de *corpus* feita até hoje.

Em consonância com os teóricos que se valem da linguística de *corpus* para os estudos da tradução, Baker (1993, p.235) afirma que os grandes *corpora* oferecem:

> uma oportunidade única para observar o seu objeto de estudo e explorar o que o diferencia de outros objetos de estudo, como a língua em geral ou outros tipos de interação cultural. Também permitirão, em uma escala maior do que era possível anteriormente, explorar os princípios que governam o comportamento tradutório e as amarras em que opera.[11]

Reconhecendo a tradução como espaço diferencial que deve ser privilegiado na cultura de chegada, Baker considera a tradução como objeto de pesquisa *per se,* e elege, como quadro metodológico para pesquisa, a abordagem da linguística de *corpus*. Nesse sentido, Baker (1993, p.243) destaca que "a tarefa mais importante que aguarda a aplicação das técnicas de *corpus* nos estudos da tradução [...] é a elucidação da natureza do texto traduzido como um evento comunicativo mediado".[12] Para que isso possa ocorrer, torna-se necessário o uso de *corpora* em formato eletrônico abarcando um grande número de textos.

Dentre as possíveis generalizações que foram propostas, em virtude de a utilização de *corpora* eletrônicos paralelos ou comparáveis possibilitar maior amplitude e funcionalidade para estudos da natureza da tradução, as investigações lideradas por Baker (1993, 1995, 1996) têm detectado certas características ou traços recorrentes que não são resultado da interferência de sistemas linguísticos específicos, e que se apresentam tipicamente nos TT, mas não em TO. Os trabalhos que deram origem à postulação dessas características são detalhadamente discutidos em nossa publicação anterior (Camargo, 2007). No entanto, em razão de alguns traços

11 No original: "*a unique opportunity to observe the object of their study and to explore what it is that makes it different from other objects of study, such as language in general or indeed any other kind of cultural interaction. It will also allow us to explore, on a larger scale than ever possible before, the principles that govern translational behaviour and the constraints under which it operates*".

12 No original: "*The most important task that awaits the application of corpus techniques in translation studies, it seems to me, is the elucidation of the nature of translated text as a mediated communicative event*".

propostos por Baker terem sido observados nas traduções literárias, especializadas e juramentadas, apresentaremos, resumidamente, suas definições a seguir:

(1) *Simplificação*: tendência em tornar mais simples e de mais fácil compreensão a linguagem empregada na tradução. Evidências podem ser encontradas nos TT em relação aos TO, como repetição de palavras e mudança na pontuação para trazer maior clareza ao enunciado (mas não necessariamente empregar uma linguagem mais explícita). A simplificação também envolve o menor comprimento das frases nos TT; e a substituição de ambiguidades existentes nos TO, de modo a torná-las mais precisas nos TT. Duas medidas possíveis de traços de simplificação são fornecidas pela razão forma/item (*type/token ratio*) e pela densidade lexical. A razão forma/item é uma medida da variação vocabular presente num texto ou *corpus*. O uso de vocabulário menos variado pode ser um traço característico dos TT e também de textos direcionados para falantes não nativos de uma língua, a fim de torná-los mais fáceis de ser processados pelo leitor. Por sua vez, a densidade lexical diz respeito à contagem simples e em intervalos para a extração da razão entre itens e formas. Outra maneira de se considerar a densidade lexical é possível ao obter-se a proporção de palavras de conteúdo em oposição a palavras gramaticais de um *corpus*: em ocorrendo, no modo de construir os TT, o emprego de mais redundância por meio do maior número de palavras gramaticais e menor de palavras lexicais, haveria uma indicação do uso de traços de simplificação para tornar os TT mais compreensíveis para o leitor da LC.

(2) *Explicitação*: tendência geral em explicar e expandir dados do TO, por meio de uma linguagem mais explícita, mais clara para o leitor do TT. Manifestações dessa tendência podem ser expressas sintática e lexicalmente, e podem ser observadas habitualmente, em relação aos TO, como a maior extensão dos TT, o emprego exagerado de vocabulário e de

conjunções coordenativas explicativas. A hipótese da explicitação também foi postulada por Blum-Kulka (1986), em seu artigo: "Shifts of cohesion and coherence in translation".

(3) *Normalização* ou *conservacionismo*: tendência para exagerar características da LM e para adequar-se aos seus padrões típicos. Pode ser observada tanto no nível de palavras individuais ou de colocações (normalização lexical) como na pontuação e no uso de clichês e estruturas gramaticais convencionais nos TT. Frases longas e elaboradas, bem como elementos redundantes, utilizados nos TF, são substituídos por colocações menores, e as redundâncias são, muitas vezes, omitidas. Também as sentenças não terminadas nos TO são frequentemente completadas nos TT. Outrossim, o ritmo da LM torna-se, em geral, mais fluente, uma vez que aspectos incomuns de pontuação existentes na LF são padronizados, de modo a adaptarem-se a aspectos mais comuns da LM. De acordo com Scott (1998), a normalização pode ser identificada por meio de onze traços: 1) comprimento dos textos e das sentenças; 2) diferenças de pontuação; 3) estruturas sintaticamente complexas; 4) ambiguidades; 5) imprecisões de expressões; 6) metáforas incomuns; 7) mudança de linguagem coloquial para formal; 8) omissões e/ou adições; 9) colocações menos comuns por mais comuns; 10) outras mudanças na tradução; 11) padrões de repetição.

(4) *Estabilização*: tendência para a tradução localizar-se no centro de um contínuo, evitando-se os extremos. Diferentemente da normalização, que é dependente da LM ao exagerar suas características nos TT, o processo de estabilização não é dependente nem da LM nem da LF. Das quatro características típicas e recorrentes da tradução, essa é a que menos recebeu atenção na literatura da área. Manifestações podem ser encontradas, por exemplo, na tendência de os tradutores empregarem a linguagem culta nas marcas da linguagem oral utilizadas pelo autor do TO para caracterizar determinados personagens.

Desse modo, as quatro hipóteses de simplificação, explicitação, normalização e estabilização poderiam indicar que as características linguísticas presentes nos TT também variam de acordo com fatores extralinguísticos, dentre outros: estratégias de publicação, finalidade dos TT, limitações dos clientes e intermediários, injunções do mercado editorial, normas de tradução presentes na cultura da LM.

O enfoque comparativo ou contrastivo em *corpora* eletrônicos paralelos ou comparáveis têm contribuído ativamente para a teoria da tradução, ao procurar elucidar a natureza dos TT e o processo tradutório, objetos esses essenciais para delimitar os objetivos e a área de atuação da disciplina. Dessa maneira, em vez de exames de TT voltados apenas para o levantamento de características distintivas do TO, a fim de reproduzi-las na tradução, ou do levantamento de desvios da norma por parte do tradutor, novos horizontes têm sido abertos aos estudos da tradução por meio de contribuições da linguística de *corpus*, permitindo que se proponham diferentes investigações sobre o estilo de determinado tradutor, ou grupo de tradutores, ou *corpus* de material traduzido que pertença a um dado período ou a diferentes tipologias textuais. Como decorrência, a presença do tradutor no texto ou, mais especificamente, de traços individuais dessa presença poderão vir a fazer parte da literatura sobre tradução. Em virtude de uma tendência dos estudos da tradução baseados em *corpus* valer-se de exemplos autênticos, seria uma das possíveis abordagens que poderia, talvez, vir a diminuir um pouco a suspeita de uma boa parte dos tradutores profissionais em relação à teoria da tradução. Nesse sentido, a pesquisa de *corpora* de TT tem trazido importantes contribuições para a prática tradutória ao procurar descrever o que o tradutor realmente faz com a LC.

Dessa feita, os estudos por meio do uso de *corpora* computadorizados de TT são de considerável relevância para a disciplina emergente de estudos da tradução, não só por partirem do novo conceito teórico de pesquisa descritiva baseada na língua em uso, mas também por aceitarem os princípios da linguística de *corpus* como metodologia.

# 2
# A tradução e os prazeres de descobrir o mundo de Clarice Lispector

*Thereza Cristina de Souza Lima*[1]

## Introdução

Investigações sobre tradução acontecem há centenas de anos. No Brasil, muitos pesquisadores têm se dedicado aos Estudos da Tradução e, dentre os diversos escritores literários brasileiros de renome cujas obras foram traduzidas, optei por Clarice Lispector, sobretudo pela admiração que sempre tive pela autora. Em seus contos, romances e obras de ficção, Lispector faz uso de uma linguagem tão peculiar que, na visão de Alceu Amoroso Lima (1946), "ninguém escreve como Clarice Lispector. Clarice Lispector não escreve como ninguém. Só seu estilo mereceria um ensaio especial. É uma clave diferente a qual o leitor custa a adaptar-se". Em artigo intitulado "A forma expressional de Clarice Lispector" e publicado no *Jornal do Comércio* em 9 de outubro de 1960, Eduardo Portela refere-se à escritura de Clarice Lispector, sobretudo à carga emocional que as palavras-chave carregam e ao ritmo criado por meio da pontuação funcional e da repetição de vocábulos e construções. Indubitavel-

---

1 Pontifícia Universidade Católica do Paraná (PUCPR), *campus* de Curitiba, Instituto Brasileiro de Pós-Graduação e Extensão (Ibpex) e Centro Universitário Internacional Uninter.

mente, a repetição está presente em várias partes da escritura clariciana e é um processo consciente e enriquecedor de seu estilo. Para o crítico Benedito Nunes (1995, p.137), a repetição "tanto aumenta a teia de significações, como, pode também, em movimento inverso, reduzi-la. Onde se esgota a repetição, começa o silêncio", um dos vocábulos recorrentes e preferenciais da autora. Tanto a repetição quanto o silêncio relacionam-se à procura de um efeito de desgaste da palavra e da frase. Segundo Olga de Sá (2000, p.149), "a escritora não tem medo da repetição. Assume-a, realmente como uma técnica e um gosto pessoal". Em crônica intitulada "A explicação que não explica", publicada na obra *A descoberta do mundo* em 11 de outubro de 1969, Clarice (1999) afirma que: "a repetição me é agradável, e repetição acontecendo no mesmo lugar termina cavando, pouco a pouco, cantilena enjoada, diz alguma coisa".

A repetição está presente nos fragmentos selecionados para nossa investigação, cujos *corpora* compreendem as seguintes obras:

*Corpus* 1: constituído pelos subcorpus 1.1 – TF1: *A descoberta do mundo* (DM), de Clarice Lispector, Rio de Janeiro: Rocco, 1999, 3.ed., 478p., 172.143 palavras; e pelo subcorpus 1.2 – TM1: *Discovering the world* (DW), tradução de Giovanni Pontiero, Manchester: Carcanet Press, 1992, 652p., 194.167 palavras.

*Corpus* 2: constituído pelo subcorpus 2.1 – TF2: *Uma aprendizagem ou O livro dos prazeres* (ALP), de Clarice Lispector, Rio de Janeiro: José Olímpio, 1969, 155p., 36.385 palavras; e pelo subcorpus 2.2 – TM2: *An apprenticeship or The book of delights* (ABD), tradução de Richard A. Mazzara e Lorri A. Parris, Austin: Univerity of Texas Press, 1986, 126p., 40.321 palavras.

*Corpus* 3: constituído pelo subcorpus 3.1 – FF1, com 7.343 palavras, contendo fragmentos semelhantes extraídos do TF1 (DM); pelo subcorpus 3.2 – FF2, com 7.880, contendo fragmentos semelhantes extraídos do TF2 (ALP); bem como pelo subcorpus 3.3 – FM1, com 7.871 palavras, contendo fragmentos traduzidos por Pontiero, os quais foram extraídos do TM1 (DW) e pelo subcorpus 3.4 – FM2, com 8.379 palavras, contendo fragmentos traduzidos por Mazzara e Parris, os quais foram extraídos do TM2 (ABD). Desse modo, o número total de palavras dos *corpora* de TF1, e de

TF2 corresponde a 208.528 palavras, e o número total de palavras dos *corpora* de TM1 e TM2 corresponde a 234.448 palavras.

Tomamos como objeto as relações de correspondência ou afastamento formal entre os fragmentos semelhantes (re)aproveitados dos textos-fonte em relação aos respectivos fragmentos traduzidos para a língua meta. Entendemos por "formal" a configuração linguística e literária analisada sobre os seguintes aspectos: a) domínio dos vocábulos quanto a padrões de uso preferencial da autora, bem como quanto a padrões de uso recorrente e preferencial dos respectivos tradutores; b) domínio dos mecanismos identificados como características de normalização nos fragmentos semelhantes traduzidos.

Partindo da observação dos aspectos aqui mencionados, colocamos como pergunta de pesquisa a indagação de quais aproximações e distanciamentos mais recorrentes estariam contribuindo para uma normalização nas traduções dos respectivos fragmentos extraídos de DW e ABD. Com base em Baker (1996, p.183) e Scott (1998, p.112), entendemos por normalização tendências em traduzir características do texto-fonte adaptando-as a padrões típicos da língua e cultura de chegada.

A leitura da fortuna crítica de Clarice Lispector torna-se, nesse caso, fundamental para que seja possível a compreensão das características que dizem respeito às obras em geral, bem como às crônicas que compõem *A descoberta do mundo* e o romance *Uma aprendizagem ou O livro dos prazeres* em particular, possibilitando, assim, o estabelecimento de parâmetros sobre a escritora e sobre sua poética. A partir dessa análise qualitativa com base na fortuna crítica, fizemos um estudo quantitativo com base nos estudos da tradução e na linguística de *corpus*. Desse modo, as duas abordagens não são excludentes, mas complementares no âmbito da presente pesquisa.

## Fundamentação teórica

Adotamos uma abordagem interdisciplinar proposta por Camargo (2005), a qual tem como suporte teórico principal os estudos da tradução baseados em *corpus* (Baker, 1993, 1995, 1996, 2000, 2004a), e a linguística de *corpus* (Berber Sardinha, 2004; Sinclair, 1991).

Além dos estudos da tradução e da linguística de *corpus*, nosso estudo fundamenta-se também nos estudos literários (Gotlib, 1993; Nunes, 1995; Ruggero, 2000; Sá, 2000; Varin, 2002; Cherem, 2003), uma vez que nossos *corpora* são compostos por uma coletânea de crônicas (DM) e um romance (ALP) traduzidos para a língua inglesa, respectivamente: (DW) e (ABD). Embora sejam diferentes as modalidades literárias dos dois pares de obras, configurando gêneros literários distintos, não parece tal diferença influenciar a análise dos *corpora* de estudo, porquanto as referidas obras contêm fragmentos (re)aproveitados pela autora.

Tida como uma escritora enigmática, introspectiva, Clarice aborda, em uma linguagem peculiar, porém de difícil compreensão, temas como a vida, a morte, o amor, o silêncio e os olhos, vocábulos que, com base na fortuna crítica da autora, consideramos preferenciais claricianos, o que representa, conforme já mencionado anteriormente, o aspecto qualitativo de nosso estudo.

Baseamo-nos na Linguística de *Corpus* (Berber Sardinha, 2004; Sinclair, 1991), em virtude do uso de tal abordagem nos possibilitar averiguar, quantitativamente, se os vocábulos preferenciais mencionados anteriormente e selecionados para análise, podem também ser (re)correntes, sob o prisma da Linguística de *Corpus*.

Para investigarmos características de normalização na tradução das obras que compõem nossos *corpora* de estudo na língua meta, baseamo-nos, sobretudo, em Baker (1993, 1995, 1996, 2000, 2004a) e em Scott (1998).

## Procedimentos para a investigação da normalização na obra clariciana traduzida

Atualmente, a disponibilidade de ferramentas computacionais que identificam padrões em textos possibilita aos pesquisadores o acesso a características de textos traduzidos e, como no presente estudo, possibilita também a comparação com os respectivos textos originais, o que facilita a investigação e, consequentemente, a análise dos resultados. Nas palavras de Baker (1993, p.248), "uma metodologia adequada e um conjunto de ferramentas muito poderosas e adaptáveis estão agora disponíveis a partir da linguística de *corpus*".[2]

Com referência aos procedimentos, primeiramente foram escaneados os textos que compõem o *corpus* 1 de TF1 (DM) e TM1 (DW), *corpus* 2 de TF2 (ALP) e TM2 (ABD), e o *corpus* de fragmentos (re)aproveitados de FF e FM. A seguir, foram corrigidos erros de leitura óptica e os textos foram salvos em formato txt a fim de prepará-los para análise. O desenvolvimento da presente pesquisa foi realizado em três etapas. Na primeira, efetuamos uma análise baseada na fortuna crítica da autora com o propósito de investigar os vocábulos preferenciais presentes nos subcorpora de TF1 e TF2. Na segunda, procedemos a uma análise assistida por computador para observar os vocábulos recorrentes e preferenciais com base nas frequências e nas palavras-chave. O exame das concordâncias envolvendo esses vocábulos e seus colocados deu-se a partir do *corpus* 3 de FF e FM. Na terceira e última etapa, realizamos outra análise com o propósito de identificar aspectos de normalização a partir do *corpus* 3 de fragmentos semelhantes de FF e FM.

É de valia ressaltar que, para análise computadorizada, valemo-nos do *software* WordSmith Tools versão 4, utilizando três ferramentas, a saber: a) WordList; b) KeyWords; c) Concord. Para investigar se o subcorpus 3 de fragmentos semelhantes de FF1 e FM2 apresentaria características de normalização e como essas características se manifestariam, efetuamos um alinhamento formado pelas linhas de concordância de FF1 / FM1 e de FF2 / FM2, nas quais os respectivos nódulos analisados estão inseridos. O referido alinhamento possibilita a comparação e a identificação de aspectos de normalização encontrados nos FF1 e FF2.

2 No original: "*A suitable methodology and a set of very powerful and adaptable tools are now available from corpus linguistics*". As traduções das citações são de nossa autoria.

Com base em Scott (1998), selecionamos nove itens de normalização a fim de observar as opções feitas pelos tradutores em pauta diante dos fragmentos (re)aproveitados por Clarice. Os nove itens selecionados para essa pesquisa referem-se às seguintes características: A) Pontuação; B) Repetição; C) Metáforas incomuns; D) Comprimento de sentenças; E) Omissão/Acréscimo; F) Alterações em estruturas complexas; G) Mudança de registro de linguagem; H) Mudanças relacionadas ao uso de palavras incomuns; e I) Outras mudanças na tradução.

## A normalização na repetição

No presente trabalho, selecionamos para análise com vistas a características de normalização um exemplo que consideramos típico da escritura de Lispector, referente à repetição. Segundo Benedito Nunes (1995, p.136), Clarice

> tem na repetição o seu traço de mais largo espectro [...] o emprego reiterado dos mesmos termos, das mesmas frases [...] substantivos, verbos e advérbios [...] sempre desempenham funções expressivas e produzem determinados efeitos, quer no uso da palavra, quer no sentido do próprio discurso.

Desse modo, os termos repetidos estabelecem uma gradação entre diferentes significações que se unem em cadeia, reforçando mutuamente a proliferação de um significado inexaurível, podendo, por sua vez, reduzir a teia de significações, o que levaria ao "silêncio", vocábulo recorrente e preferencial de Lispector, investigado no presente trabalho.

No exemplo que segue, Clarice repete o vocábulo "silêncio" três vezes, seguidas de uma forma que caracterizaria uma figura de linguagem relacionada à repetição, a anadiplose:[3]

---

3 Segundo Sacconi (1989), a anadiplose é a repetição de palavra ou expressão de fim de um membro de frase no começo de outro membro de frase.

FF1 – "Como estar ao alcance dessa profunda meditação do silêncio. Desse silêncio sem lembrança de palavras [...] É um silêncio que não dorme."
FM1 – *"How is one to attain this profound meditation carried out in silence? A silence with no memory of words. [...] This is a silence which never sleeps."*

FF2 – "Como estar ao alcance dessa profunda meditação do silêncio. Desse silêncio sem lembrança de palavras [...] É um silêncio que não dorme."
FM2 – *"How to come within reach of that profound meditation of silence? Of that silence beyond the memory of words? [...]It's a silence, Ulysses, that doesn't sleep."*

Observamos no exemplo citado que a autora repete e personifica o silêncio com as expressões: "profunda meditação do silêncio", "silêncio sem lembrança de palavras" e "é um silêncio que não dorme". No FM1, Pontiero também utiliza as referidas figuras de linguagem, porém, acrescenta o verbo "*carry out*": "*How is one to attain this profound meditation carried out in silence?*". O acréscimo do verbo "*carry out*" explicaria e facilitaria a compreensão do leitor na LM. Já os tradutores Mazzara e Parris também repetem o vocábulo "*silence*" três vezes; contudo, "o silêncio sem palavras" foi traduzido como "*silence beyond the memory of words*", o que também poderia caracterizar uma explicitação dos tradutores no FM2, bem como uma característica de normalização cujo propósito seria facilitar a compreensão do fragmento na LM.

## Considerações finais

Nossa investigação nos possibilitou constatar que os cinco vocábulos apontados como relevantes pelos críticos também o são quando examinados à luz dos estudos da tradução baseados em *corpus* e da linguística de *corpus*, em virtude da sua recorrência e significância nos três *corpora* de estudo. Mais especificamente, por meio da ferramenta computacional KeyWords pudemos também constatar que os referidos vocábulos poderiam ser considerados palavras-chave em nossos *corpora*. Com base nas linhas de concordância, a investigação dos cinco vocábulos nos FM1 e FM2 em relação, respectivamente, aos FF1 e FF2 possibilitou-nos notar certa tendência dos tradutores tanto para a tradução literal quanto para a sua repetição

No tocante ao outro objetivo de nossa pesquisa, voltado para aspectos de normalização, notamos que, em relação às duas obras de Clarice Lispector na LF, tanto Pontiero quanto Mazzara e Parris apresentam, de maneira consciente ou inconsciente, marcas destinadas a facilitar a compreensão do leitor dos respectivos textos na LM.

Em resposta à pergunta de pesquisa referente a aproximações e distanciamentos recorrentes nas traduções de fragmentos semelhantes, realizadas por diferentes tradutores, efetuamos comparações entre o tradutor individual Giovanni Pontiero e a equipe de tradutores Richard A. Mazzara e Lorri A. Parris, e observamos estratégias que poderiam ser identificadas como traços de normalização. Em relação ainda à normalização, observamos também que os resultados gerados a partir dos fragmentos (re)aproveitados evidenciam que a equipe de tradutores utiliza mais traços identificados como características de normalização ao traduzir ABD do que Pontiero nos respectivos fragmentos traduzidos de DW. No que diz respeito a marcas deixadas em FM3, que poderiam ser tomadas como aspectos de normalização, a frequência mais baixa apresentada por Pontiero apontaria para certa tendência para um enfoque tradutório voltado para o texto fonte, e, em decorrência, com menor utilização de estratégias facilitadoras para o leitor de sua tradução.

Outra inferência que poderia ser levantada reportar-se-ia a tendências particulares preferenciais e distintivas que indicariam o uso de padrões estilísticos próprios por parte de Mazzara e Parris ao recorrerem a recursos tradutórios encontrados nos *corpora* desta pesquisa, os quais poderiam ser vistos como traços de normalização.

Por seu turno, poder-se-ia supor que o tradutor Pontiero apresentaria o uso de padrões de estilo individual mais aproximado do texto na LF e, consequentemente, com um menor emprego de recursos voltados para a normalização.

# 3
# Análise de similaridades e diferenças no uso de marcadores de reformulação em *Family Ties*, de Clarice Lispector, e *The red house*, de Lya Luft[1]

*Emiliana Fernandes Bonalumi*[2]

## Introdução

Este capítulo aborda peculiaridades do texto traduzido, por meio de um *corpus* paralelo na direção português-inglês, inserindo-se em uma área relativamente nova, os estudos da tradução baseados em *corpus*, lançada por Baker em 1993.

Dada a relevância das autoras em estudo no quadro da literatura brasileira e a qualidade do trabalho do seu tradutor Giovanni Pontiero para a aceitação das obras no exterior, selecionamos as obras *Laços de família*, de Clarice Lispector, e *Exílio*, de Lya Luft, com as respectivas traduções para a língua inglesa.

---

1 Este capítulo é parte da dissertação intitulada *Análise de similaridades e diferenças no uso de marcadores de reformulação e padrões lexicais em* Family Ties, The Apple in the Dark *e* Soulstorm, *de Clarice Lispector, e* The Red House, *de Lya Luft*, desenvolvida no Programa de Mestrado em Estudos Linguísticos da Universidade Estadual Paulista "Júlio de Mesquita Filho" (Unesp), *campus* de São José do Rio Preto, no período de 2004 a 2006, sob a orientação da professora Diva Cardoso de Camargo.

2 Universidade Federal do Mato Grosso, *campus* de Rondonópolis.

Baker (2004a) aborda a hipótese da explicitação, também investigada por Mutesayire (2003, 2005) e Webb (2004), por meio da maior quantidade de marcadores de reformulação (i.e. *or rather; that's to say*) encontrados nos textos traduzidos. Altas frequências tendem a indicar a formação de padrões de comportamento adotados pelo tradutor, podendo ser observadas como uma estratégia de fluência, a fim de facilitar o entendimento das obras no país a que se destina a tradução.

Partindo da observação dos textos traduzidos (TT) e originalmente escritos em português, colocamos como uma das perguntas de pesquisa se o padrão de uso de marcadores de reformulação encontrados nos TT seria significativamente diferente do padrão de uso de marcadores de reformulação presente nos respectivos textos originais (TO).

O objetivo de nosso trabalho é comparar e analisar o uso de marcadores de reformulação dos TT pelo tradutor, Pontiero, a partir do TO de Lispector e do TO de Luft.

Para fundamentar a nossa investigação, recorremos a uma abordagem interdisciplinar, tendo como apoio a proposta por Baker (1993, 1995, 1996, 2000, 2004a) para os estudos da tradução baseados em *corpus*. Também nos valemos de princípios e métodos da linguística de *corpus* adotados por Berber Sardinha (1999, 2004).

Além do arcabouço teórico-metodológico, o presente trabalho conta com o auxílio do programa computacional WordSmith Tools, versão 3, o qual proporcionou os recursos técnicos necessários para o levantamento de dados.

Com base na observação a partir de *corpus* eletrônico, justifica-se a análise feita semiautomaticamente em virtude de facultar ao pesquisador empreender, de modo mais completo e abrangente, um estudo de natureza descritiva e comparativa em uma extensão consideravelmente maior do que por meio de amostragens. Também, por meio dos estudos da tradução baseados em *corpus*, podemos chegar a uma maior conscientização do papel desempenhado pelos tradutores, das opções empregadas e das tendências por eles apresentadas.

## Reformulação e marcadores de reformulação

Dentre os teóricos que apresentam uma definição a respeito da reformulação, podemos mencionar Quirk (1973, p.280), para quem a reformulação é "uma forma de redizer o conteúdo das palavras do primeiro aposto no segundo".[3]

Leech e Svartvik (1975, p.179) abordam a reformulação comentando que "às vezes, para tornar nossas ideias mais claras, as explicamos ou modificamos colocando-as de outra maneira. Tal reformulação pode ser introduzida por meio de sintagma adverbial como *in other words, rather, better*".[4]

Para Blakemore (1993, p.106-7), a reformulação é "uma interpretação da elocução de outro falante [...] que facilita o entendimento do original pelo ouvinte".[5]

De acordo com Cuenca (2003, p.1071), "a reformulação é uma função do discurso por meio da qual o falante reelabora uma ideia para ser mais específico [...] ou para ampliar a informação anteriormente fornecida".[6] O pesquisador esclarece também que a reformulação é mais do que estritamente uma paráfrase. Com base nos conceitos de Güllich e Kotschi (1987, 1995), Cuenca (2003, p.1071) acrescenta que a reformulação é:

> uma operação pela qual o conteúdo da primeira elocução (A) pode ser expandido ou reduzido pela segunda elocução (B). A elocução A pode ser expandida por uma especificação, se a elocução B

3 No original: "*Reformulation is a rewording in the second appositive of the content of the first*". As traduções das citações, quando não especificadas, são de responsabilidade da pesquisadora.

4 No original: "*Sometimes, to make our ideas clearer, we explain or modify them by putting them in other words. Such* reformulation *can be introduced by an adverbial like* in other words, rather, better".

5 No original: "*reformulation is an interpretation of another speaker's utterance [...] which facilitates the hearer's understanding of the original*".

6 No original: "*Reformulation is a discourse function by which the speaker re-elaborates an idea in order to be more specific and [...] or in order to extend the information previously given*".

> introduzir novos aspectos, ou por uma explanação, se a elocução B definir um conceito. A elocução A pode ser reduzida por um sumário, quando B expressar A brevemente, ou por uma denominação, quando B for uma expressão de um conceito mais complexo.[7]

Neste estudo, tomamos por base a conceituação de Cuenca (2003) e de Güllich e Kotschi (1987,1995) por melhor esclarecerem a abrangência da reformulação. A respeito de marcadores de reformulação, Cuenca (2003, p.1073) coloca que:

> podem ser classificados em dois grupos, conforme constituam formas simples ou complexas. As formas simples são estruturalmente fixas, ou seja, não podem ser alteradas pela substituição de nenhum de seus constituintes ou pela adição de outros constituintes. Por outro lado, os marcadores complexos apresentam uma estrutura mais complicada e tendem a ser variáveis, ou seja, podem ser frequentemente modificados pela substituição e/ou adição de outros constituintes.[8]

Por seu turno, Quirk (1973, p.291) comenta que "fazem parte dos marcadores de reformulação integrados: *A better way of putting it is..., It would be better to say...*".[9]

Com base nas definições de reformulação (Quirk, 1973; Leech; Svartvik, 1975; Güllich; Kotschi, 1987, 1995; Blakemore, 1993;

---

7 No original: "*an operation by which the content in the first utterance (A) can be either expanded or reduced by the second utterance (B). Utterance A can be either expanded by specification, if B introduces new aspects, or by explanation, if B defines a concept. Utterance A can be reduced by summary, when B expresses A in brief, or by denomination, when B is a conceptualising expression for some complex matter*".

8 No original: "*[...] can be classified in two groups, according to whether they are simple or complex forms. Simple forms are structurally fixed, that is, they are not alterable by replacing any of their members or by the addition of other constituents. On the other hand, complex markers exhibit a more complicated structure and tend to be variable, that is, they are usually modifiable by the replacement and/or the addition of other constituents*".

9 No original: "*Integrated markers of reformulation include* A better way of putting it is..., It would be better to say...".

Cuenca, 2003) e na classificação de marcadores de reformulação de Cuenca (2003), podemos considerar que os marcadores são formas de reformulação, competindo a eles ser simples ou complexos, tendo por função não somente a paráfrase, como também a especificação, a explanação, o sumário ou a denominação.

## O *corpus* paralelo e os procedimentos para o levantamento dos marcadores de reformulação

Apresentamos, a seguir, a composição do *corpus*, bem como os procedimentos e as formas de análise adotados para o nosso estudo.

Quanto à composição do *corpus*, selecionamos um par de obras de Clarice Lispector, originalmente escrito em língua portuguesa, e a respectiva tradução para a língua inglesa; e um par de obras de Lya Luft, originalmente escrito em língua portuguesa, e a respectiva tradução para a língua inglesa. Desse modo, a constituição do *corpus* da pesquisa corresponde a:

> Subcorpus 1: constituído pelo TF1: *Laços de família* (LF), de Clarice Lispector, Rio de Janeiro: Livraria José Olympio, ([1960], 1979), 34.160 palavras; e pelo TM1: *Family ties* (FT), tradução de Giovanni Pontiero, Austin: University of Texas Press, ([1972], 1995), 40.005 palavras.
>
> Subcorpus 2: constituído pelo TF2: *Exílio* (Ex), de Lya Luft, Rio de Janeiro: Guanabara, 1987, 37.245 palavras; e pelo TM2: *The red house* (RH), tradução de Giovanni Pontiero, Manchester: Carcanet, 1994, 44.977 palavras.

Com o auxílio da ferramenta WordList, geramos as listas de frequências de palavras e as listas de estatísticas dos TT e dos respectivos TO.

Por meio da ferramenta Concord, extraímos as linhas de concordância tomando por nódulos ou itens de busca os marcadores de reformulação encontrados nos TT, com base em Baker (2004a).

A seguir, alinhamos os pares de TT acompanhados dos respectivos TO a fim de observar cada marcador de reformulação em relação às linhas de concordância nos TO. Para essa investigação, geramos a Tabela 3.1.

Em seguida, processamos as linhas de concordância tomando por nódulo cada marcador de reformulação encontrado nos TO. Para essa observação, montamos a Tabela 3.2.

No tocante à Tabela 3.1, verificamos a distribuição absoluta dos marcadores de reformulação individual e conjuntamente nos dois pares de TT (FT e RH), por Pontiero com referência aos TO (LF e Ex). Foi também observada a frequência relativa dos marcadores de reformulação que foram traduzidos, adicionados ou omitidos nos dois pares de TT em relação aos TO.

Em referência à Tabela 3.2, examinamos a ocorrência absoluta e relativa dos marcadores de reformulação nos dois pares de TO (LF e Ex) em relação aos TT (FT e RH), a fim de investigar o comportamento linguístico do tradutor considerado individualmente.

## Os marcadores de reformulação nas obras traduzidas de Lispector e de Luft

Constata-se, conforme a Tabela 3.1, que todos os marcadores de reformulação dos TO apresentam 100% de tradução nos TT.

Quanto às ocorrências de acréscimo, observa-se que os marcadores de reformulação *or* e *for example* são adicionados nos TT por Pontiero. Das 127 incidências do marcador *ou* nos TO, 41 ocorrências do marcador *or* são adicionadas nos TT, com uma frequência relativa de 27,1%. No que tange o marcador *for example*, das três incidências nos TT, uma ocorrência foi adicionada em RH, com uma frequência relativa de 0,7%. Para ilustrar, segue o exemplo abaixo do marcador *for example* extraído dos pares de obras RH e Ex:

RH: *When I was small and refused to eat, father would make pictures with the food on my plate: a clown's face,* ***for example,***

Tabela 3.1 – Distribuição absoluta e relativa de MR analisados individualmente nos dois pares de TT, por Pontiero em relação aos TO

| MR nos TT | Freq. Abs. nos TT | Freq. Rel. Total dos MR nos TT | MR nos TO | Freq. Abs. nos TO | Freq. Rel. Total dos MR nos TO | Freq. Abs. em FT | Freq. Abs. em LF | Freq. Abs. em RH | Freq. Abs. em Ex | Freq. Abs. de MR trad. | Freq. Rel. de MR trad. | Freq. Abs. de MR adic. | Freq. Rel. de MR adic. | Freq. Abs. de MR omit. | Freq. Rel. de MR omit. |
|---|---|---|---|---|---|---|---|---|---|---|---|---|---|---|---|
| *or* | **168** | 111,3% | ou | **127** | 84,1% | 45 | 41 | 123 | 86 | **127** | 68,3% | 41 | 27,1% | 14 | 8,9% |
| *or* | **17** | 11,2% | nem | **17** | 11,3% | 5 | 5 | 12 | 12 | **17** | 9,1% | – | – | – | – |
| *or* | **1** | 0,7% | e | **1** | 0,7% | 1 | 1 | – | – | **1** | 0,5% | – | – | – | – |
| *for example* | **3** | 2,0% | por exemplo | **2** | 1,3% | 2 | 2 | 1 | 0 | **2** | 66,6% | 1 | 0,7% | – | – |
| *let us say* | **1** | 0,7% | digamos | **1** | 07% | 1 | 1 | – | – | **1** | 50% | – | – | – | – |
| *let's say* | **1** | 0,7% | ou melhor | **1** | 0,7% | – | – | 1 | 1 | **1** | 50% | – | – | – | – |
| *I mean* | **1** | 0,7% | quer dizer | **1** | 0,7% | – | – | 1 | 1 | **1** | 100% | – | – | – | – |
| *for instance* | **1** | 0,7% | por exemplo | **1** | 0,7% | 1 | 1 | – | – | **1** | 100% | – | – | – | – |
| **Total** | **193** | **127,8%** | | **151** | **100%** | **55** | **51** | **138** | **100** | **151** | | **42** | **27,8%** | **14** | **8,9%** |

Tabela 3.2 – Distribuição absoluta e relativa de MR nos dois pares de TO em relação aos TT, em termos de comportamento linguístico do tradutor Giovanni Pontiero

| MR nos TO | Freq. Abs. Total de MR nos TO | Freq. Rel. Total dos MR nos TO | MRs trad. nos TT | Freq. Abs. Total de MR trad. nos TT | Freq. Rel. Total dos MR trad. nos TT | Freq. Abs. em LF | Freq. Abs. de MR trad. em FT | Freq. Rel. de MR trad. em FT | Freq. Abs. em Ex | Freq. Abs. de MR trad. em RH | Freq. Rel. de MR trad. em RH |
|---|---|---|---|---|---|---|---|---|---|---|---|
| ou | **137** | 86,7% | *or* | ***123*** | *77,8%* | 47 | 41 | 83,7% | 90 | 82 | 82,0% |
| ou | **8** | 5,1% | *and* | ***8*** | *5,1%* | – | – | – | 8 | 8 | 8,0% |
| ou | **2** | 1,3% | *either* | ***2*** | *1,3%* | 2 | 2 | 4,1% | – | – | – |
| ou | **1** | 0,6% | *then* | ***1*** | *0,6%* | – | – | – | 1 | 1 | 1,0% |
| ou | **1** | 0,6% | *otherwise* | ***1*** | *0,6%* | – | – | – | 1 | 1 | 1,0% |
| por exemplo | **2** | 1,3% | *for example* | ***2*** | *1,3%* | 2 | 2 | 66,7% | – | – | – |
| por exemplo | **1** | 0,6% | *for instance* | ***1*** | *0,6%* | 1 | 1 | 33,3% | – | – | – |
| quer dizer | **1** | 0,6% | *that's to say* | **1** | 0,6% | – | – | – | 1 | 1 | 50,0% |
| quer dizer | **1** | 0,6% | *I mean* | **1** | 0,6% | – | – | – | 1 | 1 | 50,0% |
| ou melhor | **1** | 0,6% | *let's say* | **1** | 0,6% | – | – | – | 1 | 1 | 50,0% |
| ou melhor | **1** | 0,6% | *or rather* | **1** | 0,6% | – | – | – | 1 | 1 | 50,0% |
| digamos | **1** | 0,6% | *let us say* | **1** | 0,6% | 1 | 1 | 100,0% | – | – | – |
| isto é | **1** | 0,6% | *behold* | **1** | 0,6% | – | – | – | 1 | 1 | 100,0% |
| **Total** | **158** | | | **144** | **91,1%** | **53** | **47** | | **105** | **97** | |

*with a cherry tomato for the nose, black beans for the eyes, a mouth made with a red pepper, and hair made from carrots.*

Ex: Quando eu era pequena e não queria comer, meu pai fazia desenhos no prato: uma cara de palhaço, _nariz de tomate, olhos de feijão, boca de pimentão, cabelo de cenoura.

Há registro de omissão de catorze marcadores de reformulação *ou* nos TT, com uma frequência relativa de 8,9%. Para exemplificar, extraímos os trechos abaixo dos pares de obras LF e FT:

LF: Alguns não lhe haviam trazido presente nenhum. **Ou** nos trouxeram saboneteira, uma combinação de jérsei, um broche de fantasia, um vasinho de cactos – nada, nada que a dona da casa pudesse aproveitar para si mesma ou para seus filhos, nada que a própria aniversariante pudesse realmente aproveitar constituindo assim uma economia: a dona da casa guardava os presentes, amarga, irônica.

FT: *Some of the guests had not brought her a present.* ____ *Others brought a soap dish, a woollen underset, a fancy brooch, and a small pot of cactus-nothing, absolutely nothing that the mistress of the house might be able to use for herself or her children, nothing that the old lady herself could really use or save on. The mistress of the house took charge of the presents, feeling bitter and ironic.*

Ao partir dos TO em relação aos TT, verificamos a variação no comportamento linguístico do tradutor literário Giovanni Pontiero, observada a partir dos resultados por frequência absoluta e relativa constantes da Tabela 3.2. Podemos constatar que, a partir dos marcadores *ou, por exemplo, quer dizer* e *ou melhor*, nos TO, encontram-se variações nos respectivos marcadores nos TT. Para ilustrar, extraímos o exemplo de variação na tradução do marcador de reformulação *ou melhor* em RH:

Ex: Bisbilhotam novamente sobre minha vida. **Ou melhor**: a Moça Morena faz perguntas; a outra olha o retrato em que estou com Gabriel, e não diz nada.

RH: *They ask prying questions,* ***or rather****, the Brunette asks the questions while her companion looks at photographs taken with Gabriel, and says nothing.*

A respeito dos marcadores de reformulação *digamos* e *isto é*, pelo fato de apresentar somente uma ocorrência de cada marcador nos respectivos TO, não foi possível observar se houve variação ou não nos TT. O único marcador de reformulação que apresenta variação em ambos TT é o marcador *ou*. Como exemplo da variação na tradução do marcador *ou*, apresentamos, a seguir, trechos extraídos dos pares de obras LF e FT:

LF: Desde sempre, **ou** aceitavam-no ou reduziam-no a ser ele mesmo.

FT: *From the beginning* ***either*** *they always accepted him or reduced him to being himself.*

No tocante à tradução do marcador *ou*, RH apresenta variação maior (10%) de marcadores de reformulação, se comparado a FT (4,1%). Já a obra FT, como mencionado previamente, apresenta seis casos de omissão do marcador *ou* no TT, em uma frequência relativa maior (12,2%), se comparada a RH (8; 8%). Em relação à adição do marcador *or* nos TT, pudemos constatar que foi registrada uma frequência relativa maior em RH (37; 37,7%), se comparada à FT (4; 8,5%).

No que tange à tradução do marcador de reformulação *por exemplo*, verificamos que ocorre uma adição (100%) em RH, e em FT não há registro de adição (0%).

De acordo com os marcadores de reformulação analisados, Pontiero apresentou variação vocabular maior em RH (1994), se comparado a FT (1972). Pudemos observar que a hipótese lançada por Webb (2004), em relação à tendência de Pontiero utilizar uma quantidade maior de marcadores de reformulação após 1992, comprova-se.

Na análise efetuada por meio das Tabelas 3.1 e 3.2, utilizamos duas obras originais, respectivamente de autoria de Clarice Lispector e de Lya Luft, a primeira publicada na forma de contos e a segunda, na forma de romance, assim como utilizamos as respectivas traduções para a observação do uso de marcadores de reformulação. As modalidades literárias das obras são diferentes, configurando gêneros literários distintos. Aqui, sugere-se que talvez essa diferença venha a ser um dado distintivo, se observarmos as frequências de adição levantadas em RH. Verificando o padrão dos marcadores de reformulação dos TT analisados, poder-se-ia pensar que o distanciamento levantado entre Ex e RH pode ser devido ao gênero literário, uma vez que o padrão dos marcadores de reformulação examinados em FT é muito próximo do padrão de marcadores de reformulação em LF.

De acordo com os marcadores de reformulação analisados, Pontiero apresenta variação maior em RH (1994), no que se refere ao seu comportamento linguístico, se comparado a FT (1972).

## Comentários finais

Por meio desta investigação a respeito de marcadores de reformulação, verifica-se que FT, na maioria dos casos, não se mostra significativamente diferente do padrão de marcadores de reformulação encontrado em seu respectivo TO, embora o TT (40.005 palavras) tenha extensão maior que o TO (34.160 palavras).

Em contrapartida, no que diz respeito à análise de RH (44.977 palavras), observa-se que os marcadores, na maioria de seus exemplos, são significativamente diferentes do padrão de marcadores de reformulação de seu respectivo TO (37.245 palavras).

Quanto aos dois subcorpus de TT e TO, verificou-se que os maiores distanciamentos, com relação a marcadores de reformulação, ocorreram em textos mais longos, isto é, no romance (RH) e seu respectivo TO. Podemos inferir que, em razão da maior extensão do romance, se comparado ao menor comprimento do conto, o tradutor teria maior probabilidade para recorrer a variações, adições e omissões em seu TT.

Desse modo, a maior quantidade de aproximações, referente a marcadores de reformulação, deu-se em texto de menor extensão, i.e., no conto (FT) e no respectivo TO. Em termos estatísticos, podemos mencionar que o tradutor, no caso do conto literário, emprega uma quantidade bem menor de variações, adições e omissões em seus TT.

Dessa forma, mostra-se a relevância do *corpus* paralelo para a análise da tradução de marcadores de reformulação, como a que empreendemos, por apresentarem resultados com maior precisão e sistematicidade, uma vez que abordamos cada TT e TO conjunta e individualmente, sendo possível examinar o comportamento linguístico não apenas dos tradutores, como também das autoras.

# 4
# A TRADUÇÃO DE MARCADORES CULTURAIS EM *SERGEANT GETULIO* E *THE LIZARD'S SMILE*

*Elisangela Fernandes Martins*[1]

## Introdução

Neste trabalho serão apresentados alguns resultados de uma pesquisa sobre a tradução de duas obras literárias, *Sargento Getúlio* e *O sorriso do lagarto*, que apresentam acentuada ocorrência de termos culturalmente marcados. Para a tradução desse tipo de texto, o tradutor encontra dificuldades oriundas das diferenças socioculturais/extralinguísticas, que exigem amplo conhecimento das línguas e culturas tanto de partida quanto de chegada. Corrêa (1998, p.16) destaca que, mesmo para os tradutores que têm bastante domínio sobre o par de línguas e culturas envolvidas na tradução de uma obra, "certos elementos da mensagem que ele pretende transmitir serão filtrados pela falta da mesma correspondência cultural do receptor". Ainda que o tradutor recorra a um empréstimo ou a uma explicação para transmitir uma mensagem do original, o leitor do texto da língua de chegada poderá não compreender, na totalidade, o sentido de determinados elementos de uma cultura específica, por

1 União das Faculdades dos Grandes Lagos (Unilago), São José do Rio Preto (SP).

nunca ter tido contato ou vivenciado certas experiências do contexto de partida, como é o caso de certos pratos típicos, certos rituais religiosos, entre outros, que constituem desafios para o tradutor. Além das questões sobre diferenças culturais, a tradução envolve o estilo do autor e do tradutor, a natureza da linguagem da tradução, problemas de prazo, injunções do mercado livreiro, entre outras, que vêm sendo investigadas por pesquisadores da área.

Justificam-se, desse modo, estudos que visam elucidar questões relacionadas à tradução cultural, que possam contribuir para uma maior conscientização do profissional e, consequentemente, para uma melhor qualidade dos textos traduzidos. Dentro dessa perspectiva, mostra-se relevante investigar as soluções adotadas pelo autotradutor João Ubaldo Ribeiro, em *Sergeant Getulio*, e pelo tradutor Clifford Landers, em *The lizard's smile*, ao lidar com dificuldades oriundas da tradução das obras originais *Sargento Getúlio* e *O sorriso do lagarto*, respectivamente, as quais apresentam, entre outros aspectos, uma variedade de especificidades culturais. No presente trabalho, tais especificidades são tratadas como marcadores culturais (MC), os quais se referem a nossa ideologia, etnia, aspectos geográficos, culinária, entre outros, podendo ser classificados por domínios culturais.

A pesquisa apoiou-se no arcabouço teórico-metodológico dos Estudos da Tradução Baseados em *Corpus* (Baker, 1993, 1996; Camargo, 2005, 2007), da Linguística de *Corpus* (Berber Sardinha, 2004); nos estudos sobre domínios culturais (Nida, 1945; Aubert, 1981, 2006), e nas modalidades tradutórias (Aubert, 1984, 1998).

Para a realização deste trabalho, foram utilizados: um *corpus* de estudo no formato paralelo composto, respectivamente, pelas duas obras originais e suas traduções (esse tipo de *corpus* foi o mais adequado para a natureza de nossa pesquisa por facilitar a observação das opções de tradução adotadas para os vocábulos que poderiam apresentar maiores dificuldades para os tradutores); e, também, dois *corpora* de referência, um de língua portuguesa e um de língua inglesa, que serviram como parâmetro para contrastarmos a língua do *corpus* de estudo com a língua padrão.

Quanto aos procedimentos adotados, na primeira fase da pesquisa, as obras foram escaneadas por meio do OCR (Optical Character Recognition) e revisadas, utilizando-se o corretor ortográfico do Word. Os textos foram salvos em formato "txt" para que pudessem ser processados pelas três ferramentas do WordSmith Tool, versão 4.0: a WordList, a KeyWord, e a Concord, que agilizaram e facilitaram o levantamento dos dados.

Com o auxílio da ferramenta WordList, foram extraídas as listas de palavras do *corpus* de estudo, uma do texto original *Sargento Getúlio*, uma da tradução *Sergeant Getulio*, uma do texto original *O sorriso do lagarto* e uma da respectiva tradução *The lizard's smile*. Também foram geradas outras duas listas de palavras, uma do *corpus* de referência em língua portuguesa (NILC) e outra do *corpus* de referência em língua inglesa (BNC). Em seguida, foram excluídas da lista as palavras lexicais como: verbos e advérbios; e também excluímos da lista as palavras gramaticais como: artigos, conjunções, preposições, deixando apenas os substantivos e adjetivos, uma vez que a maioria de MC pertence a essas duas categorias.

Com a ferramenta KeyWord, foram geradas as listas de palavras-chave, que correspondem à comparação das listas de frequência de palavras dos textos originais (*Sargento Getúlio* e *O sorriso do lagarto*) e do *corpus* de língua portuguesa (NILC).

O passo seguinte foi a utilização da ferramenta Concord, para, a partir das palavras-chave, verificar o sentido com que elas foram utilizadas na obra original. A seguir, por meio da função Viewer e Aligner do programa, os textos originais foram alinhados com os textos de chegada, afim de serem observadas as opções de tradução para cada MC.

Em seguida, consultamos o *Novo Aurélio – O Dicionário da Língua Portuguesa*, para verificar quais dos vocábulos selecionados são considerados brasileirismos e, portanto, indicadores de MC. Muitas vezes, recorremos, também, ao *Dicionário do Folclore Brasileiro* e ao *corpus* de língua geral para nos certificarmos da significação e do uso de determinados vocábulos.

## A obra *Sargento Getúlio*

Na narrativa em primeira pessoa, Getúlio dos Santos Bezerra conta sua trajetória do sertão para o litoral, levando um prisioneiro político a mando de Acrísio Antunes, seu chefe. Por meio de longos fluxos de consciência, são revelados, além dos acontecimentos da viagem, a procedência e a trajetória da vida do sargento. De origem humilde, Getúlio sai do sertão, em que se descreve como miserável, e vai para a cidade. Depois, descreve-se como "despachado", ao considerar-se vitorioso e bem-sucedido, por transformar-se em um jagunço político.

Segundo Aragão (1988, p.107), Getúlio defende valores éticos e morais muito rígidos e específicos de sua origem sertaneja, "suas leis não precisam ser escritas. São marcadas a ferro e fogo na alma do sertanejo. Getúlio vive dentro das leis do sertão". De certa forma, o sargento age como um herói, que defende seus ideais até a morte. Aragão (1988, p.104) afirma, também, que a obra *Sargento Getúlio* é um épico, "é uma história de aretê". O aretê, empregado em *Homero*, é o herói grego, que representa a história de seu povo e sua missão é lutar pela honra e pela sua dignidade. A questão da honra é central na narrativa. A esse respeito, Miyazaki (1996, p.21) comenta que "subjaz no discurso um pequeno paradigma de qualificações de uma semioticidade que se desdobra em todo o romance, semeando-o em torno basicamente de dois sistemas: o da coragem/medo e o da vergonha/honra". Percebe-se um universo masculino, onde a força é considerada um elemento essencial. Nesse contexto, o princípio masculino se cristaliza, dando origem a conceitos e valores acatados pelo grupo ou comunidade. Sendo assim, os valores que, em princípio, eram idealizações de um "líder", passam a ser convencionais e, consequentemente, sociais.

## A obra *O sorriso do lagarto*

Essa obra foi publicada em 1989, fase em que, segundo Bernd (2005, p.14), João Ubaldo Ribeiro escrevia "inspirado nas temáticas do mal, do grotesco e do pornográfico". Narrada em terceira pessoa, a obra apresenta, de forma alegórica, assuntos da sociedade moderna, tais como: o consumo de drogas, o racismo, as consequências da engenharia genética, o "mal" da política, o "mal" da sociedade, considerando aqui o "mal" como os problemas e aspectos negativos do mundo moderno.

A narrativa tem como cenário Itaparica, ilha do litoral baiano. O autor apresenta aspectos da ecologia e dos costumes locais, descrevendo seus habitantes; a pescaria, que corresponde à atividade principal da ilha; e a culinária específica da região. A ilha não é apresentada como um paraíso, como se costuma esperar desse tipo de lugar, porquanto vivem nela famintos e miseráveis, o que denuncia os problemas sociais brasileiros retratados na obra.

Ao longo da narrativa, João Ubaldo Ribeiro propõe uma reflexão acerca da ética na ciência, "pois se o desejo de conhecer e a possibilidade de fazer experiências que alterem o ritmo natural da vida estiverem acima do bem e do mal, como não ficar apreensivo perante as manipulações irresponsáveis do saber?" (Machado, 1991, p.274).

## Marcadores culturais considerados palavras-chave, na obra *Sargento Getúlio*

A Tabela 4.1 apresenta os MC extraídos pelo programa, por ordem decrescente de chavicidade. Em primeiro lugar, apresenta-se o marcador "peste"; em segundo, ocorre "cabra"; em terceiro lugar, "macho"; em quarto, "arretado"; e, por último, "frouxo".

Tabela 4.1 – Palavras-chave em *Sargento Getúlio*

| PALAVRAS-CHAVE | CHAVICIDADE |
|---|---|
| PESTE | 482,8569336 |
| CABRA | 224,7614899 |
| MACHO | 145,0457001 |
| ARRETADO | 81,74557495 |
| FROUXO | 47,89716721 |

O MC "peste" aparece de várias formas na obra: como substantivo, referindo-se a pessoas ou objetos; como adjetivo, qualificando pessoas, objetos ou mesmo situações como desagradáveis ou ruins; e como interjeição, expressando desagrado. O autotradutor optou por dezoito formas diferentes para expressar seu sentido, dependendo do contexto, ou seja, ele usou vários vocábulos para construir o sentido desse marcador.

Na maior parte das ocorrências, o narrador usa o vocábulo "peste" para referir-se ao prisioneiro político. Na língua de chegada, o autotradutor usou as formas: *pox, bastard, damnit, trash, devil, plague, accursed people, blight, buzzard, creature, goddmaned, lousy, person, pest, pest, pestilence, stupid, thing* e *trinket* para representá-lo. Algumas dessas opções apresentam-se mais neutras, como: *person, thing* e *creature,* podendo ser consideradas como modulações. Outras como: *bastard, trash, devil* e *stupid* atribuem ao prisioneiro características mais negativas e também podem ser vistas como modulações. Na forma *devil,* o prisioneiro é equiparado a um espírito mau; em *trash,* o prisioneiro é *a worthless person,* segundo o dicionário *Longman.* Com *stupid,* ele é apresentado ao leitor do texto de chegada como alguém *annoying* ou *silly,* respectivamente irritante ou bobo, de acordo com as definições do dicionário *Password.* Com *bastard,* o prisioneiro pode ser considerado *an unpleasant person,* segundo o dicionário *Longman.* João Ubaldo Ribeiro usa a modulação para as formas *pox* e *pest,* as quais se referem a uma epidemia infecciosa, segundo as definições do dicionário *Longman.* Observamos, ainda, pela definição do dicionário *Cobuild,* que *pest* pode ser usado, também, para referir-se à criança que faz travessuras. De um lado, essas duas últimas formas podem parecer estranhas para o leitor de língua de chegada; de outro, podem ser uma tentativa, por parte do tradutor, para manter-se próximo do texto de partida.

O narrador também emprega esse marcador como interjeição, expressando uma marca da língua falada pelo sertanejo, no contexto da obra. Para essas formas, o autotradutor optou por: *dammit, goddamned* e *plague.* No caso dos dois primeiros, podemos perceber que o tradutor recorreu a modulações, usando vocábulos que fazem parte da língua informal na língua de chegada. Segundo o *Longman*, essas são interjeições usadas para expressar desagrado ou raiva.

No caso de *plague*, a tradução foi mais literal, como no fragmento a seguir:

> (TO) Mas é só, porque com pouco o sol esquenta e com a quentura o mato fica todo vivo de bichos e coça e desconforta a vida. **Peste**, não existe lugar para morar. Usina de açúcar é bom, ninguém tira um cabra de lá.
>
> (TT) *But that's all, because soon the sun gets warm and as it gets warmer the woods come alive with animals and it all itches and makes life uncomfortable.* ***Plague****, there is no place to live. A sugar mill is good, because no one can pull a man out of one of them.*

Segundo o dicionário *Longman*, *plague* designa *an attack or disease causing death and spreading quickly to a large number of people.* Verificamos, nas linhas de concordância, do *corpus* BNC, que esse vocábulo não aparece como interjeição na língua de chegada. Concluímos, no entanto, que o leitor da língua alvo pode perceber, pelo contexto, que esse vocábulo é usado na cultura de partida como interjeição. Nesse sentido, o autotradutor tenta, consciente ou inconscientemente, recuperar o estilo da linguagem do texto original e aproximar o leitor estrangeiro da cultura de partida.

"Peste" também é usado para se referir a outras personagens: Amaro, à menina da fazenda, aos policiais que foram atrás do sargento, e à velha Osonira, para as quais foram usadas as cinco formas: *pestilence, pest, blight, accursed people* e *buzzard*, todas evidenciando o recurso da modulação. As três primeiras (*pestilence, pest* e *blight*) designam algum tipo de praga infecciosa. *Accursed people*, segundo o *Password Dictionary*, designa pessoas execráveis; e quanto a *buzzard*, é interessante observar que foi usada de forma metafórica, como no fragmento a seguir:

> (TO) Eu sei, disse Luzinete me olhando, mas como é que tu não acaba com aqueles **pestes** de uma vez logo?

(TT) *"I know," Luzinete said looking at me. "But why don't you finish these* ***buzzards*** *once and for all?"*

Segundo o dicionário *Longman*, *buzzard* designa uma espécie de ave que caça e se alimenta de animais mortos, e, na obra, refere-se aos soldados que vieram à procura do sargento e do prisioneiro.

Para as formas em que o marcador "peste" se refere a objetos ou coisas, o autotradutor opta pelas modulações: *lousy* e *trinket*, ambas de conotação negativa, para referir-se, respectivamente, à poeira e às armas, como podemos observar nos fragmentos a seguir:

(TO) Todo paraibano é coveiro. Paraíba é Brasil. Arrenego dessa **peste** dessa poeira, capaz de deixar a gente endefluxado. Uma desgraça, assoando o nariz só sai barro, como se fosse.

(TT) *All men from Paraíba are gravediggers. Paraíba is Brazil. Damn this* ***lousy*** *dust, it can give a man a cold. What a disgrace, if you blow your nose you get some kind of clay.*

*Lousy*, segundo o dicionário *Longman*, significa *unpleasant*. Nesse trecho, é usado para descrever o ambiente cheio de poeira em que as personagens se encontravam.

Podemos observar, no trecho a seguir, um exemplo em que o vocábulo "peste" é usado pelo autor para referir-se às armas:

(TO) só tinha mesmo esses fuzios velhos e umas cartucheiras que eu nem dei ousadia, essas **pestes** se duvidar nem fogo fazem mais

(TT) *all there was were these old rifles and a few bandoliers I didn't even bother to look at, these* ***trinkets*** *may not even fire anymore*

Nesse caso, o sargento Getúlio reclama das armas que encontrou e, para isso, usa a palavra "peste". Na tradução, ele utiliza o vocábulo *trinket*, que, segundo o dicionário *Longman*, designa *a piece of jewellery or other small decorative article of fairly low value;*

nas palavras do dicionário *Password*, esse vocábulo corresponde a quinquilharia ou bugiganga.

Podemos, desse modo, observar que o autotradutor mostra-se bastante criativo em relação a esse MC, apresentando alto grau de liberdade diante do seu texto original, recorrendo a várias formas diferentes para traduzir "peste".

O segundo MC apresentado na lista de palavras-chave é "cabra", que segundo o dicionário *Aurélio* pode ser considerado brasileirismo quando tiver o sentido de "cangaceiro", "capanga", ou na expressão "cabra da peste". No contexto extremamente rude retratado na obra, o sargento Getúlio narra suas lutas com jagunços políticos, referindo-se a eles como "cabras". Para recuperar a carga semântica desse MC, o autotradutor recorre a quatro formas para tradução: *man, bastard, henchman* e *individual.*

Quanto à opção de tradução *man,* podemos notar que o emprego dessa modulação indica uma conotação mais neutra para o marcador "cabra". O protagonista se considera um homem muito valente e utiliza esse marcador para relatar seus feitos ao prisioneiro, e ao motorista e amigo Amaro:

> (TO) Já botei muito **cabra** para correr assim na escuridão peluma estrada dessa.
>
> (TT) *I've chased a lot of* ***men*** *down roads like this.*

No fragmento citado, percebemos que os cabras perseguidos pelo sargento são capangas e que ele se vangloriava de lutar contra indivíduos valentes.

O marcador "cabra", todavia, também apresenta uma única conotação positiva no texto original, quando Getúlio refere-se ao amigo Nestor que, na opinião do protagonista, é digno de admiração pela valentia e coragem, como se pode observar no trecho que segue:

> (TO) quando um **cabra** como Nestor conversa com um sujeito olhando para o chão é somente com a tenção que o outro não veja o que ele vai fazer nas vistas dele.

(TT) *when a* ***man*** *like Nestor talks to a fellow looking at the ground it is only with the intention of not letting the other man see in his eyes what he is going to do next.*

Na tradução, aparece a modulação *man,* com o próprio contexto sugerindo a coragem do personagem. Já a modulação referente a *bastard* mostra uma conotação negativa:

(TO) Amaro já viu muito **cabra** na agonia, não viu, Amaro?

(TT) *Amaro's seen many a* ***bastard*** *in his agony, haven't you Amaro?*

Segundo o dicionário *Longman, bastard* designa alguém desagradável ou cruel. Pelo contexto, o leitor da língua de chegada pode perceber que se trata de homens, jagunços também, e considerados inferiores pelo protagonista. Por sua vez, temos para o marcador "cabra" o uso de uma adaptação:

(TO) Valente que fazia gosto, todo desfricotado, todo muito do macho, todinho um **cabra** de Lampião, ah cafetino desterrado, pistoleiro de meia pataca.

(TT) *He was as brave as a man can be, all jaunty, all courageous, just like one of Lampião's* ***henchmen****, oh you nameless pimp, you cheap gunman.*

O vocábulo *henchmen* designa um jagunço, segundo o dicionário *Password.* Como, pelo contexto, trata-se de um cangaceiro de Lampião, não haveria um equivalente satisfatório na cultura de chegada, uma vez que os ideais do cangaceirismo eram distintos das motivações que levavam os jagunços ao crime.

O terceiro MC é "macho", um dos conceitos mais marcantes nessa narrativa. Este MC refere-se a valores importantes na cultura e contexto apresentados nessa narrativa, o qual abarca o sentido de força, honra, coragem e valentia, tão valorizados pelo protagonista.

Para recuperar o sentido, o autotradutor recorre às palavras *courageous, brave, real man, valiant, male, man* e *good man*. A modulação *man* é usada dezesseis vezes como opção de tradução das trinta vezes em que o marcador "macho" aparece no texto de partida; essa opção de tradução é menos específica do que o sentido que o MC apresenta no original. As traduções literais *courageous, brave* e *valiant* são usadas nos casos em que o MC aparece como adjetivo. Ocorre, nos casos de *real man* e *good man*, uma modulação com explicitação, atribuindo à forma mais simples *man* as características *real* e *good*. O MC "macho" também ocorre no texto com significação menos específica, no momento em que o sargento faz planos de ter filhos do sexo masculino. Nesses casos, como autotradutor, João Ubaldo Ribeiro opta por *male*.

O quarto MC selecionado é "arretado". Esse vocábulo, muito comum na língua falada do nordestino, segundo o dicionário *Aurélio*, remete a conotações positivas. Observamos, em nosso *corpus* de estudo, no entanto, que ele também é usado para expressar sentimento de raiva, como se pode observar na Tabela 4.1. Para indicar conotações apreciativas, as opções de tradução são as modulações: *a hell of, invincible* e *greatest*. A modulação *a hell of* é a opção usada para referir-se a Luzinete, uma mulher com quem o sargento mantinha um relacionamento.

> (TO) fico aqui mesmo e me emperno com ela, é uma boa mulher, é uma mulher como outra qualquer, só que das boas. E penso assim: amarro esse trempe aí e vou deixando, até abestalhar. Até esturricar. Ou senão dou um fim logo nele, enterro e acabou e vou ficando. Faço um filho, faço dois filhos, faço uma ruma de filhos. **É uma mulher retada.**

> (TT) *I stay right here and share her bed with her, she is a good woman, she is a woman like any other, only she is of the good kind. And I think this way: I tie up this trash over there and forget about him until his brain goes soft. Until he shrivels up. Or then I take care of him right*

*away, I bury him and that's the end and I stay. I make one son, I make two sons, I make a heap of sons.* ***She is a hell of a woman.***

A partir de uma busca das linhas de concordância no *corpus* BNC, verificamos que a expressão *a hell of* não é usada para expressar ideias apreciativas; no entanto, o leitor da língua de chegada pode perceber o sentido pelo contexto, como podemos observar no fragmento citado.

A opção de tradução *invincible* pode ser considerada uma modulação, que recupera o sentido do MC "arretado", atribuindo a ele características de força. Vejamos o fragmento que segue:

(TO) Depois ele pegou a tropa toda e jogou lá no jebe-jebe de penedo. Já viu você que filho esse que eu tenho? **Arretado.**

(TT) *Then he grabbed the whole train and threw it all where the devil lost his boots. You see the kind of son I have?* ***Invincible.***

Em uma das histórias narradas por Getúlio, ele descreve um personagem como muito corajoso e forte, capaz de derrotar qualquer tropa, atribuindo-lhe a qualidade de "arretado". Na tradução, a forma *invincible* confere ao personagem características de um herói. Percebemos, desse modo, uma modulação com sentido mais genérico no original, para um mais específico na tradução.

A modulação *greatest* apresenta a mesma ideia apreciativa do original. Vejamos o fragmento a seguir:

(TO) que eu dei um grito que se ouviu em todo Estado de Sergipe, para todos lados, para baixo, para cima, até encostar no oco do mundo, que ribombou, eu dei o grito mais **retado** que se deu na terra, porque foi agora que eu senti.

(TT) *I roared so loud it was heard in the whole state of Sergipe in every direction and up and down to the hollow of the world which boomed, I let out the* ***greatest*** *roar ever heard on earth, because it was now that I felt it.*

Percebemos que "retado", no contexto citado, refere-se à grande intensidade do grito do sargento. O autotradutor optou pela modulação *greatest*.

Para o sentido em que o MC "arretado" expressa raiva, as opções foram as modulações *very angry* e *furious*. O fato de esse MC ter sido empregado na obra com sentido apreciativo e também no sentido oposto (de raiva) traria maiores dificuldades para um profissional que não fosse o tradutor de si mesmo, uma vez que esse vocábulo, com conotação negativa, não se encontra dicionarizado.

O quinto MC selecionado para análise é "frouxo", que está relacionado à temática da obra. O narrador-personagem, Sargento Getúlio, em seu monólogo, apresenta seu universo masculino, que se divide em dois sistemas: o do medo/coragem e o da vergonha/honra. Os dois sistemas em análise fazem parte de um pequeno paradigma de qualificações usado pelo narrador, que tudo teria que ser classificado, ou como "valente", "macho" (coragem e honra), ou como "frouxo" (medo e vergonha). Esse MC é traduzido de várias formas: *yellow, coward, lily-livered* e *spineless*. Todas as opções do autotradutor para esse MC podem ser consideradas modulações, e as formas *lily-livered* e *yellow* aproximam-se mais do MC "frouxo" pelo nível informal da língua usada na obra.

No caso do colocado "cabra frouxíssimo", João Ubaldo Ribeiro utiliza um intensificador *very yellow* e a modulação *individual*. O sargento referia-se a um funcionário de um jornal que ele havia posto fogo, a mando de Acrísio Antunes, seu chefe. Para o protagonista, o sujeito "cabra frouxíssimo", que estava chorando na porta do edifício em chamas, era um covarde, um fraco, por comportar-se daquela forma.

## Marcadores culturais, considerados palavras-chave na obra *O sorriso do lagarto*

A Tabela 4.2 apresenta os cinco MC com maior chavicidade, extraídos da obra *O sorriso do lagarto*.

Tabela 4.2 – Palavras-chave em *O sorriso do lagarto*

| PALAVRAS-CHAVE | CHAVICIDADE |
|---|---|
| TERREIRO | 79,38273621 |
| ARACANGUIRA | 57,57741547 |
| CACHAÇA | 49,35202408 |
| SAVEIRO | 32,90128708 |
| VATAPÁ | 26,16643524 |

O MC que se apresenta com maior índice de chavicidade é "terreiro". Em *O sorriso do lagarto*, esse marcador está relacionado ao candomblé, religião afro-brasileira que mistura crenças do espiritismo de Alan Kardec, do catolicismo e de seitas trazidas pelos escravos africanos. Os rituais da umbanda são realizados em reuniões (sessões), dirigidas por um homem, o pai-de-santo, ou por uma mulher, a mãe-de-santo, também conhecidos por "chefes de terreiro". Na obra em análise, o personagem Bara é o chefe do terreiro.

O tradutor Clifford Landers utiliza três opções para traduzir "terreiro": *worship site, site* e *land.* Quanto à primeira, o tradutor usa a explicitação *worship site,* que, segundo o dicionário *Longman*, designa um local de culto religioso. A opção *land* corresponde a uma modulação, por retratar um aspecto físico relacionado ao "terreiro", que costumava, antigamente, ter os cultos e rituais realizados em espaço aberto, em chão de terra. A tradução por meio da modulação *site* passou a ser utilizada por Landers depois de outras opções já terem sido usadas anteriormente, ou seja, o leitor da língua de chegada já pode compreender seu sentido, por já ter conhecido, de forma mais abrangente, o MC "terreiro" na obra. Quanto a "terreiro de candomblé" (*candomblé* site), Landers usa uma modulação com empréstimo, marcando, em itálico, o vocábulo na língua estrangeira.

Na sequência, o segundo MC que se apresenta em ordem decrescente de chavicidade é "aracanguira", que corresponde a uma espécie de peixe do mar, que é comum nos trópicos. Na narrativa, os pescadores da ilha estão muito habituados a essa espécie, porque vivem da pesca. São sinônimos na língua portuguesa: *abacataia, abacutaia, abacatuaia, abacatuia, abacatúxia, abacatina, aleto, aracambé, peixe-galo-do-brasil*. O tradutor utiliza, ao longo da obra, a mesma modulação: *threadfish*, que corresponde a uma espécie de peixe com características físicas próximas à aracanguira, possibilitando uma imagem similar do MC.

Outro MC que aparece com destaque no romance é "cachaça", mostrando um costume local e, também, um vício relacionado a um dos personagens principais.

Por ser uma bebida muito popular para os brasileiros, o dicionário apresenta vários sinônimos para a "cachaça", entre eles: *abrideira, aca, aço, a-do-ó, água-benta, água-bruta, água-de-briga, água--de-cana, água-que-gato-não-bebe, água-que-passarinho-não-bebe, aguardente, aguardente de cana, aguarrás, águas-de-setembro, alpista, aninha, arrebenta-peito, assovio-de-cobra, azougue, azuladinha, azulzinha, bagaceira, baronesa, bicha, bico, birita, boa, borbulhante, boresca, branca, branquinha, brasa, brasileira, caiana, calibrina, cambraia, cana, cândida, canguara, canha, caninha, canjebrina, canjica, capote-de-pobre, catuta, caxaramba, caxiri, caxirim, cobreira, corta-bainha, cotreia, cumbe, cumulaia, danada, delas-frias, dengosa*.

O tradutor usa duas adaptações para traduzir esse MC: *liquor* e *rum* que correspondem a bebidas alcoólicas conhecidas pelos leitores da cultura de chegada, as quais, embora não sejam feitas com os mesmos ingredientes da cachaça brasileira, assemelham-se nas características do produto final.

No contexto de partida, observamos uma ocorrência em que o MC "cachaça" apresenta outro sentido, também relacionado à bebida, mas relacionado à condição de embriaguez pela cachaça: "cachaça festeira", nesse caso, Landers utiliza *happy drunk*, uma transposição com modulação para recuperar o sentido de "festeira" com a semelhança de associação oferecida pela palavra *happy*.

O próximo MC a ser apresentado é "saveiro", que ocorre oito vezes na obra. Landers usa três opções para a tradução desse MC. A adaptação *raft* designa um tipo de barco com características distintas das do barco apresentado no texto original. Os *rafts* são embarcações feitas com troncos de árvores, segundo o dicionário *Long-*

*man*, ou podem ainda ser do tipo inflável. Nas outras modulações: *boatmen* e *boat*, a primeira muda o foco do barco, para o homem que o usa, e a segunda emprega o hiperônimo.

O quinto marcador selecionado para análise é o "vatapá". Esse marcador ocorre três vezes no texto original; em duas das ocorrências, é recuperado no texto traduzido por meio de empréstimo, sem aspas ou qualquer outro tipo de marca gráfica. Na terceira, Landers traduz o MC "vatapá" por meio de explicitação com modulação *fish stew*. Segundo o dicionário *Longman*, *stew* refere-se a um prato feito com carne e legumes cozidos juntos, com consistência bem mole. Ocorre, nesse caso, uma tentativa de indicar o ingrediente principal do prato, a fim de o leitor poder chegar a um sentido aproximado do "vatapá" baiano.

## Considerações finais

A tradução literária, especialmente no caso de textos com marcas de especificidades culturais, é um desafio para os tradutores. Esse tipo de obra, geralmente, é considerado de "difícil tradução", por não ser possível recuperar integralmente certos elementos como o tom, as nuanças, o estilo do original, regionalismos, aspectos exóticos, os quais costumam, muitas vezes, contribuir para que a obra se torne mais relevante para publicação no exterior.

No que diz respeito aos cinco MC extraídos de cada obra, pudemos perceber que ambos os tradutores recorrem, na maior parte dos casos, à modalidade de modulação. João Ubaldo Ribeiro emprega modulações para a tradução dos MC "peste", "cabra", "macho", "arretado", "frouxo", e também, modalidades híbridas de modulação com explicitação, como no caso de "macho"→*real man, good man*. Por sua vez, Landers emprega, para os cinco MC selecionados, modulações para traduzir "terreiro", "aracanguira", "saveiro"; empréstimo, para "vatapá"; adaptação, para "saveiro" e "cachaça"; e a modalidade híbrida de modulação com explicitação, como em "vatapá"→*fish stew*.

Percebe-se, pelos MC selecionados, que o autotradutor opta por mais modulações e explicitações, ao passo que Landers, além dessas duas modalidades, emprega, também, empréstimos e adaptações. Esses dados sugerem que João Ubaldo Ribeiro distancia-se menos do conteúdo do seu texto original; e Landers aproxima-se mais da língua e cultura meta, por meio da adaptação, tornando o texto mais fluente para o leitor do texto de chegada.

Analisar a tradução de obras literárias brasileiras com grande ocorrência de MC possibilita uma maior percepção de como a cultura e a literatura brasileiras são mostradas para o leitor/receptor de língua estrangeira, ou seja, como parte do repertório cultural do povo brasileiro é representado para esses leitores.

Por fim, acredita-se que este trabalho tenha contribuído para mostrar as possibilidades de uma abordagem interdisciplinar no desenvolvimento de uma pesquisa fundamentada nos Estudos da Tradução Baseados em *Corpus* e na Linguística de *Corpus*, com vistas à investigação da tradução cultural. Esperamos também que os resultados obtidos possam oferecer subsídios úteis para tradutores, pesquisadores, professores e alunos de tradução, bem como para a realização de investigações futuras sobre a tradução de MC em outras obras de autores brasileiros contemporâneos.

# 5
# ESTUDOS DA TRADUÇÃO BASEADOS EM *CORPUS*: FOCO NOS ARTIGOS MÉDICOS E NA TERMINOLOGIA BILÍNGUE[1]

*Paula Tavares Pinto Paiva*[2]

## Introdução

A circulação de informações no mundo contemporâneo, mais especificamente as que contêm resultados de pesquisas científicas, tem sido dinamizada pela utilização da internet, como no caso das revistas científicas que veiculam as descobertas e discussões da área médica.

Paralelamente a isso, observamos uma maior valorização das publicações bilíngues por parte dos pesquisadores do mundo todo, que veem nessa prática uma forma de divulgar com maior amplitude o resultado de suas pesquisas e, dessa forma, serem reconhecidos internacionalmente dentro de suas áreas de especialidade.

1 Este capítulo é parte da dissertação de mestrado da autora, intitulada *Estudo baseado em* corpora *de traduções e três glossários bilíngues nas subáreas de anestesiologia, cardiologia e ortopedia*, defendida na Universidade Estadual Paulista "Júlio de Mesquita Filho" (Unesp), *campus* de São José do Rio Preto.

2 Instituto de Biociências, Letras e Ciências Exatas (Ibilce), Universidade Estadual Paulista "Júlio de Mesquita Filho" (Unesp), *campus* de São José do Rio Preto.

No caso dos pesquisadores que não escrevem em língua inglesa, a procura pela tradução especializada é uma prática comum e que requer por parte do tradutor um conhecimento específico da área com que está lidando. Por esse motivo, a tradução de artigos científicos em revistas bilíngues constitui um campo importante a ser investigado e que tem merecido destaque dentre os estudiosos da tradução.

Dada a importância da tradução especializada, fomos motivados a realizar uma pesquisa sobre a tradução de artigos médicos publicados em português e traduzidos para o inglês em revistas especializadas bilíngues. Além dos artigos traduzidos por profissionais experientes em três subáreas – Anestesiologia, Cardiologia e Ortopedia –, observamos artigos originalmente escritos em português e em inglês, em revistas médicas de renome internacional, com a finalidade de apontar quais seriam as características da linguagem de especialidade empregada pelos autores, e se essas características eram seguidas pelos tradutores.

A partir deste estudo, foram elaborados três glossários bilíngues contendo os termos médicos mais frequentes nos *corpora* da pesquisa junto aos seus contextos de uso. Com base na observação das traduções realizadas pelos profissionais Esmeni Comenale (anestesiologia), Stela Maris Gandour (cardiologia) e Jacques Vissoky (ortopedia), e no levantamento de termos médicos, nossa pesquisa evidenciou características da tradução especializada que podem constituir fonte de referência para professores e alunos de tradução que queiram saber mais sobre a tradução de textos médicos.

## Embasamento teórico

Este trabalho apoia-se na abordagem teórico-metodológica dos Estudos da Tradução Baseados em *Corpus* (Baker, 1993, 1995, 1996; Camargo, 2004, 2005), na Linguística de *Corpus* (Berber Sardinha, 2000b, 2004; Tognini-Bonelli, 2001) e na Terminologia

(Barros, 2004). Neste estudo, utilizamos os seguintes tipos de *corpora*: um paralelo e dois comparáveis.

Para Tognini-Bonelli (2001), além do *corpus* de estudo de textos traduzidos, que pode ser paralelo ou não, é importante o uso de dois *corpora* comparáveis, um com textos originalmente escritos na língua 1 (L1, no caso do presente trabalho, o português) e outro com textos originalmente escritos na língua 2 (L2, nesse caso, o inglês), por possibilitarem uma melhor identificação da forma e função das palavras. O *corpus* paralelo para cada uma das três subáreas do trabalho é constituído de um subcorpus principal com os textos originais (TO) em português, e de um subcorpus principal com os respectivos textos traduzidos (TT) em inglês.

Para melhor visualização da proposta de Tognini-Bonelli (2001), apresentamos o que segue:

| *Corpus* comparável na língua 1 (L1) (artigos escritos originalmente na L1 ) | *Corpus* paralelo (artigos traduzidos para a L2 e os respectivos originais na L1 [opcionais]) | *Corpus* comparável na língua 2 (L2) (artigos escritos originalmente na L2) |
|---|---|---|

Além da fundamentação teórica dos Estudos da Tradução Baseados em *Corpus*, utilizamos alguns pressupostos da terminologia para a elaboração dos glossários propostos, tendo em vista que ambas as áreas, embora tratem de objetos de estudo diferentes, sempre se entrecruzam.

Na terminologia médica, é comum se observar o alto índice de termos simples e complexos. Barros explica que o termo simples é definido como "constituído de um só radical, com ou sem afixos" (ISO 1087, 1990, p.7 apud Barros, 2004), e o termo complexo é "constituído de dois ou mais radicais, aos quais podem-se acrescentar outros elementos" (ISO 1087, 1990, p.7, apud Barros, 2004).

Para a elaboração dos glossários bilíngues nas subáreas médicas investigadas, adotamos a definição de Barros (2004, p.144):

> Glossário (termo tolerado: dicionário bilíngue, dicionário multilíngue): pode situar-se tanto no nível do sistema como no da(s)

norma(s). Sua principal característica é não apresentar definições, mas tão somente uma lista de unidades lexicais ou terminológicas acompanhadas de seus equivalentes em outras línguas.

Apesar de a autora apresentar uma proposta que exclui a necessidade de definições dos itens levantados, em nosso trabalho foram acrescentados aos termos médicos os seus contextos de uso, uma vez que acreditarmos que essa informação possa ser de grande valia para a confirmação de um termo que apresente dois ou mais equivalentes na língua de chegada. Assim, o tradutor teria uma informação adicional para confirmar sua escolha final.

## A composição e o processamento dos *corpora* especializados nas três subáreas médicas

Para a investigação, construímos três *corpora* paralelos, compostos por artigos originais e suas traduções nas subáreas médicas do estudo; assim como três *corpora* comparáveis, compostos por artigos originalmente escritos em português; e três *corpora* comparáveis, compostos por artigos originalmente escritos em inglês.

A composição dos *corpora* paralelo e comparáveis de anestesiologia foi a seguinte: a) um *corpus* paralelo composto por quinze artigos em português (37.096 itens) e pelas respectivas traduções para o inglês (31.410 itens) retirados da *Revista Brasileira de Anestesiologia* (*Brazilian Journal of Anesthesiology*) (2002, 2003, 2004); b) um *corpus* comparável em português composto por 35 artigos (101.991 itens) retirados da *Revista Brasileira de Anestesiologia* (2004); e c) um *corpus* comparável em inglês, composto por 35 artigos (129.455 itens) publicados nas revistas *Anesthesiology* (2004) e *Anesthesia & Analgesia* (2004).

A composição dos *corpora* paralelo e comparáveis de cardiologia foi a que segue: a) um *corpus* paralelo composto por quinze artigos em português (45.788 itens) e pelas respectivas traduções para o inglês (46.661 itens) retirados dos *Arquivos Brasileiros de Cardiologia*

(*Brazilian Journal of Cardiology*) (2003); b) um *corpus* comparável em português composto por 35 artigos (106.846 itens) retirados dos *Arquivos Brasileiros de Cardiologia* (2003); c) um *corpus* comparável em inglês composto por 35 artigos (131.208 itens) retirados das revistas *BMC Cardiovascular Disorders* (2004); *Current Interventional Cardiology Reports* (2001); *Journal of the American College of Cardiology* (2003); e *Hellenic Journal of Cardiology* (2004).

Já a composição dos *corpora* paralelo e comparáveis de ortopedia foi a seguinte: a) um *corpus* paralelo composto por quinze artigos em português (38.095 itens) e pelas respectivas traduções para o inglês (34.707 itens), retirados da *Revista Brasileira de Ortopedia* (*Brazilian Journal of Orthopedics*) (2003); b) um *corpus* comparável em português, composto por 35 artigos (89.396 itens) retirados da *Acta Ortopédica Brasileira* (2003 e 2004); e c) um *corpus* comparável em inglês, composto por 35 artigos (139.800 itens) retirados das revistas *Clinics Orthopaedics and Related Research*, *Current Ortopaedics*, *The Journal of Foot and Ankle Surgery*, *The Ortopedics* (2004 e 2005).

Para a extração de palavras-chave em português, utilizamos o *corpus* de referência da *Folha de S.Paulo* (39.261.868 itens), composto por artigos em português do ano de 1997. Já para a extração de palavras-chave em inglês, empregamos como *corpus* de referência o *British National Corpus* (BNC *Sampler* com 2.530.849 itens), composto por textos originalmente escritos em inglês.

Quanto aos procedimentos adotados, os artigos, escolhidos a partir de revistas impressas, foram escaneados, limpos e salvos como texto sem formatação (txt), a fim de serem processados pelo programa WordSmith Tools (Scott, 1999).

Os primeiros *corpora* a serem analisados com a ferramenta *WordList* foram os *corpora* paralelos em português e em inglês das três subáreas médicas observadas neste estudo.

Ao utilizar a *WordList*, geramos três listas as quais são exibidas na tela do computador: uma lista de todas as palavras em ordem alfabética, uma lista de acordo com a frequência de cada palavra e um quadro que exibe as estatísticas simples a respeito dos dados (Berber Sardinha, 2004).

Em seguida, observamos a lista de frequência de palavras do subcorpus principal de TO em português de cada subárea, com o intuito de levantar os termos médicos mais frequentes.

Tendo em vista que algumas palavras de alta frequência pertencem à área médica em geral, como "paciente", foi necessário confirmar se as palavras mais frequentes realmente eram significativas. Para tanto, utilizamos o aplicativo *KeyWords*, que fornece uma lista de palavras-chave ao comparar as listas de frequência de palavras de um *corpus* de estudo com as de um *corpus* de língua geral ou de referência.

Desse modo, como passo seguinte, empregamos as listas de frequência dos subcorpora principais de TO das três áreas médicas e, como referência, o *corpus* da *Folha de S.Paulo*, para obter uma lista de palavras-chave de cada subárea, das quais selecionamos as dez primeiras palavras que serviram como diretrizes para a escolha dos termos que compõem os glossários.

De modo análogo, geramos uma segunda lista de frequência a partir dos subcorpora principais de TT em cada subárea, que também foram contrastadas com o *corpus* de referência na L2 (inglês), o *BNC Sampler*, a fim de obtermos três listas de palavras-chave referentes aos subcorpora principais de TT das áreas de anestesiologia, cardiologia e ortopedia.

O próximo passo foi recorrer à ferramenta *Concord* para gerar as linhas de concordância com as palavras de busca (ou nódulos). A ferramenta permite que o texto seja aumentado, transformando-o em parágrafos, se o analista desejar observar sentenças completas.

Essa mesma ferramenta também gera os *clusters*, ou seja, os agrupamentos de palavras identificados junto às palavras de busca.

Outro aplicativo que serviu para a seleção de termos foi o *Collocates* (colocados), isto é, uma tela em que constam as palavras mais frequentes à direita e à esquerda da palavra de busca e que permite observar padrões colocacionais e coligacionais.

Após a análise realizada com o WordSmith Tools, mostramos os termos selecionados em português a três especialistas das áreas de Anestesiologia,[3] Cardiologia[4] e Ortopedia[5] para que confirmassem os termos que estariam realmente relacionados às respectivas subáreas.

## Os levantamento dos termos bilíngues com base nas palavras-chave

Apresentaremos, a seguir, algumas análises levantadas a partir deste estudo e a discussão com os especialistas das subáreas envolvidas.

### Análise de termos de anestesiologia

Após o procedimento de extração de palavras-chave dos TO de anestesiologia obtivemos as primeiras dez palavras-chave: "pacientes", "anestesia", peridural", "propofol", "analgesia", "venosa", "arterial", "bloqueio", "infusão" e "ML".

O subcorpus de anestesiologia foi o que apresentou uma maior incidência de termos simples, pelo fato de esses estarem relacionados aos nomes de drogas utilizadas na subárea, como "lidocaína", "bupivacaína" e "fentanil".

Alguns termos extraídos a partir de palavras-chave de alta frequência, como o termo "pressão arterial", oriundo da palavra-chave "arterial", foram confirmados pelo especialista de anestesiologia em vista de terem sido considerados relevantes para a subárea.

Além do alto índice de termos simples, constituídos por nomes de drogas, também foi possível verificar, embora em menor número que nos outros subcorpora, a utilização de termos originados pelo processo de composição sintagmática, como em "bloqueio" → "bloqueio motor" → "bloqueio motor completo".

---

3 Dr. Odilar Paiva Filho, especialista da área há catorze anos, mestre e doutor em anestesiologia.

4 Dra. Josélia de Cássia Menin Brandi, especialista em cardiologia há treze anos.

5 Dr. Francismar Sanches Lopes Jr., especialista da área há doze anos.

Os procedimentos para a extração de palavras-chave dos TOP foram os mesmos realizados nos TO. As dez primeiras palavras-chave desse subcorpus foram: "peridural", "pacientes", "analgesia", "anestesia", "arterial", "cateter", "traqueal", "intubação", "ML" e "operatório".

A partir das análises das palavras-chave e dos termos simples e complexos extraídos dos *corpora* paralelos e comparáveis, elaboramos um glossário da subárea. Nele, o termo figura inserido em seu contexto de uso, a partir do artigo original, de sua tradução realizada por um profissional, e de mais dois exemplos, de acordo com a forma como foi utilizado por autores de língua portuguesa e língua inglesa, como se vê no exemplo que segue:

| Analgesia peridural | Epidural analgesia |
|---|---|
| A ***analgesia peridural*** pode ser feita com a administração isolada de anestésico local, opioide, incluindo os agonistas-antagonistas, agonistas adrenérgicos e por associação entre anestésicos locais e opioides. | **Epidural analgesia** *may be induced by the single administration of local anesthetics, opioids, including agonists-antagonists and adrenergic agonists, and by the association of local anesthetics and opioides.* |
| Sabe-se que a analgesia por via espinal é mais eficiente em atenuar resposta neuroendócrina e metabólica ao parto que a analgesia por via sistêmica, justificando a escolha da técnica de ***analgesia peridural*** com infusão contínua. | *THE incidence of inadvertent dural puncture during the initiation of* **epidural analgesia/anesthesia** *in the obstetric population is between 0.04% and 6%.* |

## Os termos bilíngues na subárea de cardiologia

O mesmo tipo de análise foi realizado no subcorpus de L1 de cardiologia. As dez primeiras palavras-chave foram: "arterial", "hipertensão", "ventrículo", "pacientes", "cols", "mitral", "sistólica", "P", "atrial" e "artéria".

Verificamos, nesse subcorpus, a ocorrência do processo denominado elipse lexical, em que ocorre omissão de uma palavra no termo, conforme o princípio de economia linguística. Esse foi o caso de "disfunção mitral", que nos livros da subárea consta como "disfunção da valva mitral". Optamos por manter os termos conforme encontrados no subcorpus, visto que, por ser esta uma pesquisa fundamentada na Linguística de *Corpus*, os dados devem ser apresentados conforme extraídos do *corpus* de estudo.

A especialista de cardiologia sugeriu que algumas palavras fossem retiradas de alguns termos. Esse foi o caso de "ramo posterior do ventrículo esquerdo intermédio" e "ramo posterior do ventrículo esquerdo medial". Em ambos, a última palavra deveria ser omitida, uma vez que não fazia parte do termo; sendo assim, obtivemos um termo somente, "ramo posterior do ventrículo esquerdo". Esse fato ocorreu, pois os termos apareciam nas duas formas nos agrupamentos (*clusters*).

O termo "prevalência" foi considerado pela especialista como pertinente à área de medicina geral, não somente à cardiologia. Por isso, optamos por excluí-lo.

Em seguida, procedemos à extração de palavras-chave a partir do *corpus* comparável de TOP, das quais as dez mais recorrentes foram: "pacientes", "atrial", "pulmonar", "ventricular", "mitral", "miocárdica", "ventrículo", "coronariana", "vascularização" e "LDL". Dentre elas, as que constam da lista do subcorpus de TO de cardiologia, são: "ventrículo", "pacientes", mitral" e "atrial", e as palavras que não coincidem e que estão na lista citada também fazem parte da lista total de palavras-chave do subcorpus de TO de cardiologia.

Verificamos que alguns termos encontrados a partir dos *corpora* paralelos não foram encontrados nos *corpora* comparáveis, como "apêndice atrial" e "hipertensão arterial sistêmica".

Também evidenciamos que alguns termos apareciam de uma forma em um subcorpus, com duas opções na outra língua, como em "hipertensão arterial sistêmica", extraída do subcorpus principal de cardiologia em L1 e que, em L2, constava como *systemic hypertension* algumas vezes, e como *systemic arterial hypertension* outras vezes. Decidimos incluir os dois termos extraídos do subcorpus principal com apenas uma opção no *corpus* comparável, conforme fora extraído de tal *corpus*, uma vez que a ideia principal era compilarmos glossários voltados para o tradutor. Assim, se encontrássemos nos *corpora* analisados mais de uma opção, elas seriam incluídas.

No caso da subárea de cardiologia, temos como exemplo:

| Artéria coronariana | Coronary artery |
|---|---|
| O tipo de dominância da ***artéria coronária*** direita foi o prevalente, seguido do equilíbrio e da dominância esquerda. | *The right* **coronary artery** *dominance type was the most prevalent, followed by the balanced type and the left coronary artery dominance.* |
| O ultra-som intracoronariano é também uma modalidade invasiva, que tem por base a aquisição de imagens tomográficas, a partir do interior da ***artéria coronária***, utilizando-se um cateter que tem incorporado na sua extremidade um único transdutor. | *After adjustment for established risk factors, the odds ratio for* **coronary artery** *disease was 1.45 (95% CI, 1.25 to 1.68) for participants in the highest third of the group with respect to those in the bottom third.* |

## Os termos bilíngues na subárea de ortopedia

O início do levantamento dos termos de ortopedia já havia sido relatado no artigo de Paiva e Camargo (2007). Conforme destacado então, as primeiras palavras-chave dos TO de ortopedia foram: "pacientes", "enxerto", "tetraciclina", "ósseo", "tratamento", "óssea", "fraturas", "fratura", "osso" e "incorporação".

Após a discussão com o especialista da subárea, um dado interessante foi verificado em relação ao termo "enxerto ósseo", que apresentou duas variantes nos textos traduzidos: "*bone graft*" e "*bone stock*". De acordo com o especialista, o tradutor soube diferenciar o enxerto que é feito a partir do material ósseo do próprio paciente (*bone graft*) do enxerto realizado com material proveniente de um banco de enxertos (*bone stock*). Esse fato mostrou a importância de um conhecimento específico por parte do tradutor.

As dez palavras-chave mais recorrentes no *corpus* comparável de TOP foram: "pacientes", "fraturas", "fratura", "ósseo", "ortopedia", "óssea", "tendão", "calcâneo", "femoral" e "umatologia".

Dentre as dez palavras-chave apresentadas aqui, as que também constam da lista do subcorpus principal de TO de ortopedia são: "pacientes", "ósseo", "óssea", "fraturas" e "fratura".

Notamos que alguns termos complexos compostos de mais de dois elementos, como "fraturas diafisárias agudas do úmero", foram encontrados com um número menor de elementos a partir do *corpus* comparável. Nesse caso, optamos por acrescentá-lo ao glossário apenas com dois elementos, ou seja, como "fraturas diafisárias".

Os termos de ortopedia figuraram no glossário como no exemplo a seguir:

| Neoformação óssea | New bone formation |
|---|---|
| Altman et al observaram que a ***neoformação óssea*** pode ser influenciada tanto pelo tempo entre a produção da fratura e o início da administração das drogas quanto pela frequência com que estas drogas são administradas. | *Altman et al observed that* **new bone formation** *may be influenced both by the time elapsed between fracture and the beginning of medication, and by the frequency of drug administration.* |
| Mais recentemente, Jiaqing et al.(5) compararam o efeito da cerâmica não piezelétrica e piezelétrica sobre a ***neoformação óssea*** nas mandíbulas de cães. | *Haversian systems as described during primary contact healing of compact bone until it reaches the interface and endosteal* **new bone formation** *around the stem of the prosthesis component.* |

## Considerações finais

Este trabalho, que constitui um recorte de uma pesquisa baseada na abordagem interdisciplinar proposta por Camargo (2005, 2007), permitiu iniciar a elaboração de três glossários bilíngues com os termos mais frequentes utilizados pelos autores dos artigos em português, assim como os termos equivalentes comumente empregados pelos tradutores de cada subárea.

Com isso, observamos algumas características empregadas por autores de artigos científicos que foram respeitadas pelos tradutores, tais como: a composição sintagmática dos termos, a utilização de abreviaturas para os termos extensos, o processo de elipse lexical e a equivalência de termos simples nos TO e nos TT.

Cabe enfatizar que este trabalho evidenciou a possibilidade do aumento dos *corpora* de estudo, o que proporcionará o levantamento de um maior número de termos simples e complexos que poderão fazer parte dos glossários.

# 6
# Investigando a tradução de termos simples, expressões fixas e semifixas em *corpora* paralelos de área de especialidade: Ciência Política e Economia Política[1]

*Talita Serpa*[2]

## Introdução

As estruturas e instituições humanas, assim como as mudanças ocorridas em sociedade, passaram a constituir um campo de investigação científica a partir do advento das ciências sociais. Essa vertente científica teve suas origens na filosofia greco-latina. Contudo, somente no século XIX a preocupação com direcionar todos os questionamentos e ideias sobre os temas sociais possibilitou o reconhecimento de tais ciências como teoria, especialmente após a publicação de trabalhos como os de Auguste Comte, Karl Marx, Émile Durkheim e Max Weber. As ciências sociais então expandiram-se e ramificaram-se em várias áreas como a Antropologia, a Ciência Política, a Economia e a Sociologia.

---

1 Os dados deste capítulo fazem parte dos Relatórios de Iniciação Científica: *Um estudo da tradução de termos simples, expressões fixas e semifixas em um corpus paralelo das subáreas de Antropologia, Ciência Política e Sociologia* e *Investigando a tradução de termos simples, expressões fixas e semifixas em um corpus paralelo da subárea de Economia Política.*

2 Programa de Pós-Graduação em Estudos Linguísticos, Universidade Estadual Paulista "Júlio de Mesquita Filho" (Unesp), *campus* de São José do Rio Preto.

Nesse ínterim, a ciência política focou suas análises nas atividades normativas dos Estados Nacionais, dizendo respeito ao poder, lidando com a resolução de conflitos ou fornecendo mecanismos para a tomada de decisões. Assumiu, assim, a política como um aparato por meio do qual a ação coletiva poderia ser exercida em qualquer comunidade. Já no âmbito da economia, a hipótese clássica da origem política para os problemas econômicos condicionou o surgimento da subárea atualmente denominada Economia Política.

De acordo com Bresser-Pereira (1998, p.4):

> Hoje a expressão "economia política" identifica uma área intermediária entre a pura economia e a ciência política, área onde os aspectos políticos dos problemas econômicos são levados em consideração. Para os economistas clássicos essa era a ciência econômica propriamente dita – uma ciência que não era apenas um modelo lógico-dedutivo, cujos microfundamentos econômicos os economistas deveriam encontrar e analisar, mas também uma ciência histórica e indutiva, onde o mercado e diversos elementos de poder estão intrinsecamente integrados.

Esse autor afirma também que somente no século XX o Estado assumiu papel nas economias capitalistas, interferindo na distribuição de renda e nas demais transformações que provocaram o surgimento das desordens econômicas.

Tendo por base tais concepções, é possível observar que, em uma época em que a intervenção estatal parece influenciar concretamente as mudanças econômicas em âmbito mundial, a economia e a política, em especial em suas subáreas de Economia Política e Ciência Política, fazem-se cada vez mais presentes na vida do ser humano, ainda que ele não tenha plena consciência disso.

O processo de globalização, a economia, o conhecimento de mundo e a cultura das populações, anteriormente consideradas subdesenvolvidas, tornaram-se de grande relevância para as relações políticas e comerciais do mundo contemporâneo. Todavia, poucos são os estudos sobre o uso de termos simples, expressões fixas e semifixas mais frequentes nessas subáreas e sobre o processo tradutório que os envolve, evidenciando a necessidade de se desenvolver investigações sobre conjuntos léxicos frequentes nessas áreas do conhecimento. Por esses motivos, pareceu-nos oportuna a composição de quatro glossários bilíngues na direção português → inglês, que podem auxiliar aqueles que queiram compreender os intrincados mecanismos que regem as sociedades e os fatos a ela relacionados. Tal pesquisa fornece subsídios para tradutores, bem como para alunos, professores e pesquisadores em tradução e em ciências sociais.

## Fundamentação teórica

Para a realização deste estudo, valemo-nos do arcabouço teórico dos Estudos da Tradução Baseados em *Corpus* (Baker, 1993, 1995, 1996, 1999, 2000; Camargo, 2005, 2007), da metodologia fornecida pela Linguística de *Corpus* (Berber Sardinha, 2000a, 2000b, 2004; Tognini-Bonelli, 2001) e, em parte, de alguns princípios da Terminologia (Barros, 2004).

De acordo com Baker (1993), o trabalho com *corpora* eletrônicos é uma rica fonte de material descritivo-comparativo que pode auxiliar na percepção de diferenças entre a linguagem da tradução e a dos textos originalmente escritos em uma dada língua.

Para desenvolver sua proposta, Baker fundamenta-se nos Estudos Descritivos da Tradução, com base nos trabalhos de Even-Zohar (1978) e, especialmente, nos de Toury (1978). A autora também se apoia nas investigações de Sinclair (1991), no tocante ao aporte teórico da Linguística de *Corpus* e ao uso de *corpora* eletrônicos e ferramentas computacionais para a realização de pesquisas nos textos traduzidos (TT). Baker (1996) apresenta sua concepção de *corpus* na qual explicita a preferência pela análise por meio de computador:

> *corpus* é um conjunto de textos naturais (em oposição a exemplos/sentenças), organizados em formato eletrônico, passíveis de serem analisados, preferencialmente, em forma automática ou semi-automática (em vez de manualmente).[3] (Baker, 1995, p. 226; tradução de Camargo, 2007, p.18)

Neste estudo, utilizamos dois tipos de *corpora*: paralelo (que corresponde aos *corpora* principais) e comparável (que corresponde aos *corpora* de controle).

*Corpora* paralelos são definidos por Baker (1993, p.238) como "*corpora* de textos fonte e suas respectivas traduções"[4]. Os *corpora* paralelos para as subáreas deste trabalho são constituído de dois subcorpora principais com os textos originais (TO) em português compostos de artigos científicos e de uma obra especializada e dos respectivos TT em inglês.

Dentro deste trabalho, fazem-se necessárias ainda algumas conceituações da Terminologia, as quais são empregadas com frequência nas pesquisas envolvendo os Estudos da Tradução Baseados em *Corpus*. Trata-se dos sentidos de *termo e expressão fixa ou semifixa*.

Para Baker (1995), o levantamento do número de vocábulos de um texto pressupõe a contagem de todas as palavras ocorridas no texto, e cada forma (vocábulo) é contada apenas uma vez.

Colocando *termo* em relação a *vocábulo*, Barros (2004, p.42) esclarece que, no âmbito da análise quantitativa de um texto,

> termo é um vocábulo, uma vez que é um modelo de realização lexical no texto. Seu caráter de termo se dá pelo fato de que designa um conceito específico de um domínio de especialidade. O conjunto

3 No original: "*Corpus mean[s]any collection of running texts (as opposed to examples/sentences), held in electronic form and analysable automatically or semi-automatically (rather than manually).*

4 *Parallel corpora, that is corpora of source texts and their translations*". A tradução das citações é de nossa responsabilidade, quando não mencionarmos o nome do tradutor.

terminológico presente nesse texto constitui, na verdade, um subconjunto do conjunto vocabular do mesmo. Assim, um termo é também um vocábulo, além de ser uma palavra.

No caso das *expressões fixas*, Baker (1992) explica que essas estariam em um dos extremos das colocações, seja em relação aos padrões de flexibilidade, seja em relação à transparência de significado. Trata-se de expressões consagradas, referentes a determinado tipo de texto, e que permitem pouca ou nenhuma variação.

Já as expressões semifixas não estariam tão próximas dos extremos das colocações e apresentam mais variações (Camargo, 2005). Assim, carregam consigo todo um contexto, e podem ser consideradas especificas de uma determinada língua de especialidade.

Em nosso trabalho apresentamos uma amostra de quatro glossários nas subáreas de Ciência Política e Economia Política. Para o termo glossário, Barros (2004, p.144) propõe a seguinte definição:

> Glossário (termo tolerado: dicionário bilíngue, dicionário multilíngue): pode situar-se tanto no nível do sistema como no da(s) norma(s). Sua principal característica é não apresentar definições, mas tão-somente uma lista de unidades lexicais ou terminológicas acompanhadas de seus equivalentes em outras línguas.

O cotexto em que os termos simples, expressões fixas e semifixas aparecem nos textos foram adicionados aos glossários propostos. Para o levantamento, foram utilizadas as ferramentas do software *WordSmith Tools,* as quais facilitam a compilação dos termos e de seus contextos.

Dessa forma, é possível para o usuário de linguagens de especialidade, no caso da Ciência Política e da Economia Política, conhecer os padrões próprios dessa natureza a fim de produzir ou traduzir textos científicos.

De acordo com o *Guideliness for the translation of social science texts* [*Guia para tradução de textos de ciências sociais*], elaborado por

Heim e Tymowski (2006), pesquisadores do American Council of Learned Societies, os textos dessas áreas de pesquisa são distintos dos demais textos científicos porque não podem ser generalizados e estão submetidos a contextos sociais, políticos e culturais distintos, de acordo com o país e as tradições e costumes que os constituem.

Embora afirmem que essa submissão a fatores sociais específicos de determinadas culturas gere inconsistência terminológica, não deixam de observar que:

> Um termo-chave que ocorre mais de uma vez deve ser traduzido pela mesma palavra sempre, mas o tradutor deve primeiramente determinar se o significado é de fato o mesmo. Se não for, o tradutor deve escolher outra palavra, mas a decisão deve ser consciente. Para estabelecer consistência à tradução, o editor pode sugerir que os tradutores elaborem um glossário de termos-chave quando trabalham com um texto específico.[5] (ibidem, p.10)

Os cientistas sociais, ao introduzirem novos conceitos, geralmente atuam para que as palavras ou expressões empregadas sejam aceitas pela comunidade científica e se universalizem dentro desse público, passando a constituir termos. Bons exemplos disso são o *capital cultural* de Bourdieu e *a ética protestante* de Weber. Os conceitos que transmitem são, em geral, culturalmente determinados, mas a opção por termos técnicos é um aspecto dessas ciências e, por isso, os tradutores precisam estar atentos no momento de reproduzi-los.

Embora não seja possível generalizar, as duas principais estratégias utilizadas pela maioria dos tradutores, de acordo com Heim e Tymowski (2006), são:

---

5 No original: "*[...] a key term that occurs more than once should be translated by the same word each time, but the translator must first determine whether the meaning is in fact the same. If it is not, the translator may choose another word, but the decision must be a conscious one. To foster consistency, the editor can suggest that translators create a personal glossary of key terms as they work through a text*".

1) empréstimo da língua original; e
2) tradução literal para o termo.

Ambos os procedimentos produzem um estranhamento inicial no leitor alvo, pois ou estão em língua estrangeira ou forçam a forma original da LC a um molde que não lhe é natural. No entanto, frequentemente, as línguas se adaptam e absorvem os "estrangeirismos" e "literalidades".

É importante para o tradutor que depara com um texto científico a ser traduzido estar familiarizado com esse tipo de redação e também com os termos mais adequados a cada subárea das ciências sociais. Essa é uma das condições apontadas por Heim e Tymowski (2006), por facilitar que os textos sejam publicados de acordo com padrões internacionais. Os tradutores e pesquisadores da área e os estudantes estariam diretamente beneficiados com os resultados de trabalhos voltados para esses propósitos.

## Material e método

Para esta investigação, foram compilados os seguintes *corpora*: 1) um *corpus* principal paralelo, composto por quinze textos de autoria de Luiz Carlos Bresser-Pereira, publicados originalmente em português, entre os anos 1982 e 2007 (total de itens: 151.050) e pelas respectivas autotraduções para o inglês (total de itens: 131.822); 2) um *corpus* comparável de controle, composto por 45 artigos da mesma subárea escritos originalmente em português (total de itens: 347.097); e 3) um *corpus* comparável de controle, composto por 45 artigos de Economia Política escritos originalmente em inglês (total de itens: 310.233).

1) um *corpus* principal paralelo constituído pela obra: *Dependência e desenvolvimento na América Latina: ensaio de interpretação sociológica*, de Fernando Henrique Cardoso e Enzo Falleto, cuja primeira edição data de 1970, originalmente escrita em português (total de itens: 47.040) e da respectiva tradução para o inglês, realizada por Marjory Mattingly Urquidi, sob o título *Dependency and*

*development in Latin America* publicado em 1978 (total de itens: 58.737); 2) um *corpus* comparável de controle, composto por doze artigos na mesma subárea escritos originalmente em português (total de itens: 126.167); e 3) um *corpus* comparável de controle, composto por dezessete artigos de Ciência Política escritos originalmente em inglês (total de itens: 132.492 )

Os artigos do *corpus* comparável em português foram extraídos de revistas científicas como *Revista de Economia Política, Revista de Sociologia e Política* e *Revista Lua Nova,* tendo sido publicados no período entre 2000 e 2008.

Para a formação do *corpus* comparável em inglês foram utilizados textos do *American Political Science Review,* do *Canadian Journal of Political Science,* do *Health Economics, Policy and Law* e do *Journal of Institutional Economics* com publicações entre 2001 e 2008.

Também utilizamos dois *corpora* de referência para a extração de palavras-chave conforme veremos nos procedimentos. Em português, utilizamos o *corpus Lácio-Ref,* composto de textos em português brasileiro, tendo como característica serem escritos respeitando a norma culta. Para a extração de palavras-chave em inglês, empregamos como *corpus* de referência o *British National Corpus* (*BNC Sampler*), composto por textos originalmente escritos em inglês.

## Análise dos resultados

A seguir, apresentamos a discussão dos resultados em duas fases, abordando a análise dos termos simples e expressões fixas e semifixas das duas subáreas das ciências sociais.

### Análise dos termos simples, expressões fixas e semifixas de Economia Política

Com o auxílio da ferramenta *KeyWords,* foram geradas as listas de palavras-chave do subcorpus de TO, tomando para contraste o *corpus* de referência *Lácio-Ref.* Após esse levantamento, foram também observadas as palavras-chave a partir dos TT, tendo como *corpus* de referência o *BNC Sampler.* A seguir, apresentamos os Quadros 6.1 e 6.2 com as respectivas dez palavras-chave de maior índice:

Quadro 6.1 – Lista das dez palavras-chave a partir do subcorpus principal de Economia Política em português

| | | | |
|---|---|---|---|
| 1. Estado<br>2. Desenvolvimento<br>3. Crise | 4. Política<br>5. Taxa<br>6. Sociedade | 7. Pública<br>8. Esquerda<br>9. Social | 10. Mercado |

Quadro 6.2 – Lista das dez palavras-chave a partir do subcorpus principal de Economia Política em inglês

| | | | |
|---|---|---|---|
| 1. *State*<br>2. *Public*<br>3. *Rate* | 4.*Development*<br>5. *Crisis*<br>6. *Social* | 7. *Debt*<br>8. *Exchange*<br>9. *Society* | 10. *Reform* |

As palavras-chave selecionadas a partir do subcorpus principal de TO foram comparadas às palavras-chave extraídas a partir dos TT. A investigação dos termos mais frequentes permitiu constatar que em grande parte as palavras-chave do subcorpus principal em língua inglesa coincidem com as palavras-chaves de língua portuguesa. Tais dados facilitaram a análise das possíveis traduções para os termos selecionados.

A partir das palavras-chave levantadas, realizamos a observação das linhas de concordância, dos agrupamentos lexicais (*clusters*) e dos colocados (*collocates*) com a utilização da ferramenta *Concord.* Geramos listas contendo os principais candidatos a termos simples, expressões fixas e semifixas. Conforme observamos, foi possível verificar várias expressões fixas e semifixas compostas pelo processo de composição sintagmática (por esse processo, as palavras que integram um segmento frasal apresentam-se em uma relação morfossemântica mais íntima, constituindo uma unidade léxica). Por esse motivo, a maioria dessas expressões foi mantida no nosso glossário, mesmo que não constassem nos dicionários do *corpus* de apoio; dado que o tradutor pode, muitas vezes, deparar com expressões fixas e semifixas que, embora não constem de dicionários, se mostram bastante frequentes em textos dessa natureza. O nosso trabalho também possibilitou encontrar opções de tradução desses termos simples, expressões fixas e semifixas, visto que os artigos escolhidos como *corpus* principal também contemplam as respectivas publicações em inglês.

Notamos que nem todos os possíveis candidatos a expressões fixas e semifixas confirmaram-se na língua de chegada, como é o caso da expressão "crise de governabilidade", a qual não foi inserida no glossário, permanecendo apenas o termo simples "governabilidade". Não podemos deixar de ressaltar que a escolha dos candidatos a termos simples, expressões fixas e semifixas foi realizada também com o auxílio de um *corpus* de apoio formado por dicionários das subáreas das ciências sociais, a saber: Economia, Economia Política e Ciência Política, com o objetivo de confirmar a inclusão ou exclusão nas análises.

Analisamos também as opções de autotradução do economista Bresser-Pereira. Em grande parte de seu trabalho de tradução dos termos simples, o autor recorreu a estratégias como a tradução literal, por exemplo em: "ajustamento"→ *adjustment;* "alienação" → *alienation;* "autoritarismo" → *authoritarism*; "capitalização" → *capitalization*; "cooptação" → *cooptation*; "corrupção" → *corruption*; "cosmopolitismo" → *cosmopolitism*; "integralismo" → *integralism*; "legitimidade" → *legitimacy*; e "liquidação"→ *liquidation.* Também identificamos empréstimos como no caso de "latifúndio", termo grafado com aspas na língua de chegada.

No que concerne a expressões fixas e semifixas, o autor optou por realizar traduções com transposições, como: "abertura política" → *political opening*; "acumulação primitiva mercantil" → *mercantile primitive accumulation*; "ajustamento fiscal" → *fiscal adjustment*; "alocação de recursos" → *resources allocation*; "apreciação do câmbio" → *exchange rate appreciation*; "economia de mercado"

→ *market economy*; "liberalização comercial" → *trade liberalization*; "macroeconomia política" → *political macroeconomics*; "mercado de trabalho" → *labor market*; e "sistema de pensões"→ *pension system*.

Com base nos dados apresentados, comparamos as palavras--chave dos TO e TT do *corpus* de estudo com as palavras-chave de textos originalmente escritos em português (TOP) e de textos originalmente escritos em inglês (TOI), a fim de observar quais eram os termos simples, as expressões fixas e semifixas que também estavam presentes nos *corpora* comparáveis. Dessa forma, os glossários de Economia Política puderam ser elaborados com os termos inseridos junto aos seus contextos de uso.

Apresentamos uma amostra do glossário de expressões fixas e semifixas, o qual parte das primeiras palavras-chave do subcorpus paralelo de textos originais em português.

| CARGA TRIBUTÁRIA | TAX BURDEN |
|---|---|
| A ***carga tributária*** tende a ser sistematicamente baixa, não apenas em comparação com os países desenvolvidos, mas também em relação aos países asiáticos que apresentam aproximadamente o mesmo nível de desenvolvimento (Kagami, 1989).<ec.pol.corpprinc.port.> | *The* **tax burden** *tends to be systematically low, not only when compared with developed countries, but also with Asian countries with about the same level of development* (Kagami, 1989). <ec.pol.corpprinc.ing.> |
| Uma proposta moderada consiste em manter constante a ***carga tributária*** real e a dívida pública real até que a primeira seja reduzida, por exemplo, a 27% do PIB (10 pontos percentuais abaixo da atual). <ec.pol.corpcomp.port.> | *Second, taking any particular tax system as a starting point, how large are the social gains or losses resulting from reforms that alter the* **tax burden** *on the returns to saving?* <ec.pol.corpcomp.ing.> |

## Análise dos termos simples, das expressões fixas e semifixas de Ciência Política

O mesmo tipo de análise foi realizado no subcorpus de Ciência Política. De modo semelhante, obtivemos uma lista de palavras para a subárea, da qual extraímos os termos simples, as expressões fixas e semifixas. Abaixo, encontram-se os Quadros 6.3 e 6.4 com as dez palavras-chave dos *corpora* paralelos dessa subárea:

Quadro 6. 3 – Lista das dez palavras-chave a partir do subcorpus principal de Ciência Política em português

| | | | |
|---|---|---|---|
| 1. Setores<br>2. Grupos<br>3. Setor | 4. Desenvolvimento<br>5. Sistema<br>6. Economias | 7. Enclave<br>8. Exportador<br>9. Industrialização | 10. Dominação |

Quadro 6.4 – Lista das dez palavras-chave a partir do subcorpus principal de Ciência Política em inglês

| | | | |
|---|---|---|---|
| 1. *Sectors*<br>2. *Economic*<br>3. *Groups* | 4. *Political*<br>5. *Economy*<br>6. *Sector* | 7. *Export*<br>8. *Labor*<br>9. *Industrialization* | 10. *Enclave* |

Com base na lista de palavras de maior chavicidade dos subcorpora principais de Ciência Política em língua portuguesa e inglesa, geramos as listas contendo os possíveis candidatos a termos simples, expressões fixas e semifixas, com o auxílio da ferramenta *Concord*. Dessa forma, foi possível observar que, assim como no *corpus* de Economia Política, o uso de expressões fixas e semifixas de outras subáreas das ciências sociais é recorrente, como: "grupo social", "força de trabalho", "ação coletiva", "classe econômica" e "capitalismo industrial".

Constatamos também que houve a utilização de termos e expressões fixas e semifixas da área da Economia Política em virtude da associação que os cientistas políticos costumam fazer entre o desenvolvimento político e o crescimento econômico dos países. Por essa razão, optamos por manter a maior parte desses termos simples e expressões fixas e semifixas em seus respectivos glossários.

Alguns dos principais termos simples compilados no glossário de Ciência Política são: "acumulação", "anarquia", "autonomia", "capitalismo", "conflito". No que tange às expressões fixas e semifixas, podemos citar: "aparelho do Estado"; "burguesia industrial", "classe média", "distribuição de renda" e "divisão social do trabalho". Contudo, algumas possíveis expressões mais extensas, como "sistema de acordos políticos", "processo de desenvolvimento", "setor popular urbano", foram descartadas por não constarem nas obras especializadas consultadas ou nos dicionários de Ciência Política.

No caso da subárea de Ciência Política, a palavra "social" foi um dos vocábulos mais recorrentes durante o levantamento dos dados. Dessa maneira, compilamos nos glossários as possíveis expressões fixas e semifixas dessa subárea que apresentam o vocábulo "social", como: "controle social da produção", "unidade social autônoma", "comportamento social", "mudança social" e "natureza social".

Quanto às opções de tradução, pudemos notar que a tradutora utilizou traduções literais, como: "Desenvolvimento" → *Development*; "Acumulação" → *Accumulation*; "Anarquia" → *Anarchy"*; "Democracia" → *Democracy*; e "Capitalismo" → *Capitalism*. Também identificamos decalques como no caso do termo "Latifúndio", traduzido por *Latifundium;* e do termo "Minifúndio" → *Minifundium*.

No que concerne às expressões fixas e semifixas, a tradutora optou por realizar traduções literais e também transposições, como: "Dívida Externa" → *Foreign Debt*; "Força de Trabalho"→ *Labor Force*; "Reforma Agrária" → *Agrarian Reform*; "Regime Político" → *Political Regime*; e "Trabalho Livre" → *Free Labor*.

Também realizamos a comparação entre as palavras-chave dos TO e TT do *corpus* de estudo com as palavras-chave de textos originalmente escritos em português (TOP) e de textos originalmente escritos em inglês (TOI), com objetivo de observar quais os termos simples, as expressões fixas e semifixas que também estão presentes nesses *corpora*. Verificamos que possíveis termos simples, como: "emendas", "autonomia", "governo", "burocracia", "coalizão", "votações", "regime", "reforma", "votos" e "presidencialismo" deveriam constar nos glossários dessa subárea.

A seguir, apresentamos um exemplo do glossário de termos simples, desenvolvido a partir das primeiras palavras-chave do subcorpus de Ciência Política em português:

| CAPITAL | CAPITAL |
|---|---|
| Por certo, a existência de um "mercado aberto", a impossibilidade da conquista dos mercados dos países mais desenvolvidos pelas economias dependentes e a incorporação contínua de novas unidades de ***capital*** externo sob a forma de tecnologia altamente desenvolvida e criada mais em função das necessidades intrínsecas das economias maduras do que das relativamente atrasadas fornecem o quadro estrutural básico das condições econômicas da dependência. <cpol.corpusprinc.port.> | *The basic economic conditions of development are an open market, the exclusion of the dependent economies from the markets of the most developed countries, and the continuous transfer of new units of external* **capital** *in the form of advanced technology which are more appropriate to the intrinsic needs of the mature economies than to those of the relatively backward economies.* <cpol.corpusprinc.ing.> |
| Falamos de "agentes" em vez de empresários do setor financeiro, porque a maioria deles provém diretamente da classe profissional privada e realiza seus ganhos no mercado graças a seu conhecimento e não a seu ***capital.*** <cpol.corpuscomp.port.> | *I am using the word 'class' in its classical meaning, present both in Marx and in Weber, as depending on the forms of ownership. In this case, the professional class controls the 'organization' (it holds the collective ownership of the organization, as I have discussed in Bresser-Pereira, 1977b), in much the same way as the capitalist class holds the individual ownership of* **capital**. <cpol.corpuscomp.ing.> |

## Considerações finais

Nesta pesquisa foram analisadas as autotraduções realizadas por Bresser-Pereira em textos da subárea de Economia Política e a tradução da obra mais conhecida de Fernando Henrique Cardoso na subárea de Ciência Política, pela cientista social Marjory Mattingly Urquidi. Ambos os autores apresentam uma intensa contribuição acadêmica e política no cenário econômico brasileiro. Enquanto Bresser-Pereira revê o modelo clássico de desenvolvimento econômico e a teoria da inflação inercial, e, no campo da sociopolítica, desenvolve as bases para a teoria das transições para a democracia, a definição de esquerda e direita no mundo contemporâneo, a definição dos direitos republicanos e a reforma gerencial do Estado; Fernando Henrique Cardoso elabora novos conceitos para estudar o subdesenvolvimento brasileiro, a nação, o Estado, as estratégias econômicas e as políticas adotadas pelo governo em relação ao outros países latino-americanos.

Foram examinadas algumas características do autotradutor e da tradutora em seus trabalhos, especialmente na tradução de termos simples, expressões fixas e semifixas, evidenciando opção por expressões correspondentes mais curtas, como: "alívio da dívida" → *debt relief*; "alocação de recursos" → *resources allocation*; "aprofundamento do processo de acumulação" → *in-depth accumulation process*; "bem-estar social" → *welfare*; e "estado do bem-estar social"→ *welfare state*.

Sob a perspectiva dos Estudos da Tradução Baseados em *Corpus*, e com o auxílio do programa *WordSmith Tools*, foi possível observar as soluções dadas por Bresser-Pereira em suas autotraduções e por Urquidi em sua tradução na busca de termos e expressões correspondentes. Além disso, os termos simples e as expressões fixas e semifixas foram confrontados com os termos utilizados em TOP e TOI, o que mostrou uma correspondência da terminologia tanto em português quanto em inglês.

Entre as listas de termos simples extraídos dos subcorpora de Economia Política e de Ciência Política, houve ocorrências pertencentes ao domínio das ciências sociais e econômicas em geral, os quais, em razão do alto índice de chavicidade nos dois *corpora*, também foram incluídos nos glossários.

Os resultados alcançados neste estudo evidenciaram a importância de se respeitar os critérios destacados como primordiais na compilação de *corpora*, a fim de se obter dados representativos para pesquisas dessa natureza. Dentro dessa perspectiva, as palavras-chave obtidas a partir das listas dos subcorpora de estudo possibilitaram a extração de candidatos a termos simples, expressões fixas e semifixas, fundamentada em bases científicas e sistemáticas a partir de critérios da Linguística de *Corpus*, fornecendo indicações mais seguras para a elaboração dos glossários bilíngues na subárea em análise.

Uma das vantagens da elaboração dos glossários propostos é a sua compilação que foi realizada com bases científicas. Apesar de não apresentarem, até o momento, a formatação tradicional de um glossário impresso, ambos os glossários deste estudo serão colocados à disposição de professores, pesquisadores, tradutores, alunos de tradução do nosso Instituto.

Desse modo, acredita-se que este trabalho tenha contribuído para mostrar as possibilidades de uma abordagem interdisciplinar no desenvolvimento de uma pesquisa fundamentada nos Estudos da Tradução Baseados em *Corpus*, na Linguística de *Corpus* e em alguns conceitos da Terminologia, com vistas à investigação a partir de *corpora* de tradução na subárea de Economia Política.

# 7
# Contratos sociais e estatutos sociais no modo juramentado e não submetidos ao processo de juramentação: aproximações e distanciamentos

*Adriane Orenha-Ottaiano*[1]

## Introdução

Este estudo, inserido no Projeto PETra: Padrões de Estilo de Tradutores, pretende abordar alguns aspectos da tradução juramentada (TJ) e da tradução jurídica, assim como discutirá, de modo mais específico, algumas aproximações e distanciamentos, no que tange à TJ e à tradução não submetida ao processo de juramentação de contratos sociais (CS) e estatutos sociais (ES).

No que se refere a *contrato social*, entende-se aquele "que constitui uma sociedade civil ou mercantil, regendo os direitos e deveres dela decorrentes" (Diniz, 1998, v.1, p.864). Em referência a *estatuto social*, pode ser definido como "um documento básico que define não só a organização, a administração, os fins, as condições de extinção da sociedade, como também as relações entre sócios, e a destes para com a sociedade, civil ou mercantil, ou para com terceiros etc." (Diniz, 1998, v.2, p.423). Como os ES são, no que se refere à

1 Departamento de Letras Modernas, Instituto de Biociências, Letras e Ciências Exatas (Ibilce), Universidade Estadual Paulista "Júlio de Mesquita Filho" (Unesp), *campus* de São José do Rio Preto.

forma e à estrutura textual, muito parecidos com os CS, justifica-se, assim, sua inserção dentro do mesmo âmbito de pesquisa.

No que concerne à TJ, Aubert (1998) afirma tratar-se de uma prática essencial para o Brasil. No entanto, apesar de se caracterizar como um importante campo de atuação para profissionais da área de Tradução, não consta da grade curricular de nenhum curso de formação de tradutores. Além disso, embora haja crescente demanda por parte de alunos, professores e tradutores, são escassos os materiais de apoio nessa área, e também são bastante raros os estudos, como os que estão sendo desenvolvidos pelo grupo de pesquisa Tradução, Terminologia e *Corpora*, ao qual nossa pesquisa também está vinculada.

A respeito da TJ, Aubert (1998, p.1) enfatiza que, "embora a tradução juramentada seja uma das atividades da área de serviços há mais tempo regulamentada no Brasil (os primeiros dispositivos legais sobre a atividade datam do Vice-Reinado – *Ordenações Pombalinas* – 1971), a literatura especializada sobre a matéria é bastante escassa". Nesse sentido, a pesquisa ora proposta tem como um de seus objetivos suprir tal deficiência.

Para possibilitar a realização deste estudo, buscamos subsídios teórico-metodológico no campo dos Estudos da Tradução Baseados em *Corpus* (Baker, 1993, 1995, 1996, 2004b; Camargo, 2005, 2007), da Linguística de *Corpus* (Berber Sardinha, 2004; Sinclair, 1991; Tognini-Bonelli, 2001), da Terminologia (Barros, 2004; Krieger; Finatto, 2004), e em trabalhos sobre a TJ (Aubert, 1998; Camargo, 2005; Mayoral Asensio, 2003).

No intuito de proceder à análise das traduções dos referidos documentos, compilamos dois *corpora* de estudo (CE: $CE_1$ e $CE_2$), e dois *corpora* comparáveis (CC), conforme apresentaremos no item Metodologia de pesquisa. A construção de dois CE de documentos referentes a CS e ES justifica-se, em virtude da possibilidade de oferecer melhor contraste dos $CE_1$ de textos juramentados em relação ao $CE_2$ de textos não juramentados.

Apesar de, em pesquisas dessa natureza, o analista encontrar dificuldade para a obtenção de um *corpus* paralelo de traduções juramentadas, em virtude de os tradutores públicos raramente guardarem os originais, foi possível conseguirmos junto a alguns dos profissionais dezenove textos traduzidos no modo juramentado com os respectivos originais, além de dezesseis textos traduzidos sem o processo de juramentação também com os respectivos originais. Dessa maneira, tornou-se possível a criação de um *subcorpus de estudo paralelo de traduções no modo juramentado* ($SCEP_1$) com os respectivos originais, bem como um *subcorpus de estudo paralelo de traduções sem o processo da juramentação* ($SCEP_2$), também com os respectivos originais, os quais podem contribuir para facilitar a busca por colocações e UFE correspondentes, em ambas as direções tradutórias.

## A tradução juramentada e a tradução jurídica

Conforme Mayoral Asensio (2003, p.3), a TJ pode ser definida, no sentido amplo, como uma tradução que "atende às exigências de servir como instrumentos legalmente válidos em um país alvo".[2] O autor acrescenta que a TJ é geralmente considerada uma atividade sujeita a normas muito rígidas ou, até mesmo, uma forma de tradução bastante subordinada. Entretanto, segundo Mayoral Asensio (2003), não é sempre assim que acontece, considerando, por exemplo, os diferentes tipos de normas e o grau de obrigação que varia desde normas legais a usos e costumes, levando em conta também a transgressão às normas inerente à prática de qualquer tipo de tradução, dentre outros aspectos.

A TJ é considerada de grande relevância nas relações comerciais, sociais e jurídicas entre as nações. No Brasil, toda documentação em língua estrangeira, para ter efeito legal, precisa ser traduzida no modo juramentado (cf. Decreto nº 13.609, de 21 de outubro de 1943, capítulo III, art.18).

2 No original: "*[...] translations that meet the requirements to serve as legally valid instruments in a target country*".

Também em vários outros países, há a exigência de que esses documentos sejam submetidos ao modo juramentado, para poderem ser reconhecidos nas diversas instituições governamentais. Nos Estados Unidos, por exemplo, a tradução é feita por um profissional conhecedor dos dois idiomas e notarizada por um tabelião público. Em alguns países da Europa (Dinamarca, Alemanha etc.) e da América Latina (Argentina e Peru, por exemplo), o tradutor juramentado é um profissional devidamente habilitado. No Brasil, é nomeado por juntas comerciais ou órgãos encarregados do registro do comércio:

> Art. 20. Os tradutores públicos e intérpretes comerciais terão jurisdição em todo o território do Estado em que forem nomeados ou no Distrito Federal quando nomeados pelo Presidente da República. Entretanto, terão fé pública em todo o País as traduções por eles feitas e as certidões que passarem. (Decreto nº 13.609, de 21 de outubro de 1943, capítulo III)

No que concerne à tradução jurídica, essa pode ser entendida como a tradução de documentos que possam vir a ter efeitos legais e jurídicos em um dado país. No entanto, o maior obstáculo que a tradução jurídica, assim como a TJ, enfrenta é a diferença entre sistemas legais e culturais. Como consequência, divergem também as opiniões acerca da forma de traduzir os referidos tipos de documentos.

De um lado, temos os defensores que consideram importante que a tradução jurídica adote formas equivalentes de uso corrente na língua alvo, enquanto outros sustentam que devam ser buscadas soluções literais ou quase literais, com estreitas relações não somente em referência ao sentido, mas, também, no que tange à forma do texto original.

Esse segundo caso, além de ser considerada uma das concepções sobre a tradução jurídica, ajusta-se, igualmente, ao conceito que se tem de TJ. De acordo com Aubert (1998, p.14), a TJ pode ser entendida como: "[...] a tradução de textos – de qualquer espécie – que resulte em um texto traduzido legalmente reconhecido como uma reprodução fiel do original (com *fé pública*)". O autor acrescenta que esse traço de fidelidade implica dizer que, por meio da referida tradução, "o texto original, expresso em idioma estrangeiro, torna-se capaz de produzir efeitos legais no país da língua de chegada". Além disso, Aubert (1998, p.14) expõe que essa tradução precisa ser "correta, precisa, exaustiva e semanticamente invariante em relação ao original (obviamente, dentro dos limites dos meios de expressão disponíveis nas respectivas línguas/culturas que se confrontam no ato tradutório específico)".

Por meio dessa definição, Aubert mostra que uma TJ não é sinônimo de uma tradução jurídica. Primeiramente, pela própria concepção de tradução juramentada como "reprodução fiel do original", assim como pela ideia de que tenha "fé pública". Outra forma de distinguir uma tradução jurídica de uma TJ é considerarmos que "qualquer texto, seja ele literário, publicitário, técnico, jornalístico, de correspondência privada etc., pode, para determinados fins, ser submetido a um processo de tradução juramentada".

## Os *corpora* e os procedimentos para as análises da tradução juramentada

Neste item, apresentaremos os passos metodológicos para a análise assistida por computador.

Para a presente investigação, compilamos dois *corpora* de estudo (CE: $CE_1$ e $CE_2$) e dois *corpora* comparáveis (CC), de acordo com os três passos sugeridos de Tognini-Bonelli (2002, p.76), a fim de facilitar a comparação entre os textos traduzidos (TT) e os textos originais (TO). Dessa forma, para o *passo 1*, construímos um CC de textos originais em português ($TOP_{-CC}$); para o *passo 2*, compilamos um CE, subdividido em um $CE_1$ formado por textos traduzidos no modo juramentado para o português ($TTJP_{-CE1}$) e textos traduzidos no modo juramentado para o inglês ($TTJI_{-CE1}$), e um $CE_2$ composto por textos traduzidos para o português sem o processo de juramentação ($TTP_{-CE2}$) e por textos traduzidos para o inglês sem o processo de juramentação ($TTI_{-CE2}$); e, para o *passo 3*, formamos outro CC de textos originais em inglês ($TOI_{-CC}$).

Os documentos pertencentes ao *corpus de estudo 1* ($CE_1$) foram obtidos junto a cinco tradutores públicos regularmente inscritos na Junta Comercial de dois estados brasileiros (Figura 7.1). Os documentos recebidos, para fins exclusivos de pesquisa sobre a TJ, foram extraídos de Livros de Registro de Traduções pelos tradutores juramentados A, B, C, D, e E. Em virtude do requisito de confidencialidade da TJ, foram retirados os nomes dos tradutores e todos os dados que possibilitassem sua identificação, bem como a de clientes e produtos, conforme sugere Camargo (2005).

O *corpus de estudo 2* ($CE_2$) é formado por CS e ES sem o processo de juramentação. A construção de dois CE de documentos referentes a CS e ES justifica-se, em virtude da possibilidade de oferecer melhor contraste dos $CE_1$ de textos juramentados em relação ao $CE_2$ de textos não juramentados.

Conforme Tognini-Bonelli (2002), o *corpus* (ou *corpora*) usado(s) para o passo 2 pode(m) ser paralelo(s) ou não. Embora em pesquisas dessa natureza o analista encontre dificuldade para a obtenção de um *corpus* paralelo de traduções juramentadas, em virtude de os tradutores públicos raramente guardarem os originais, foi possível conseguirmos junto a alguns dos profissionais dezenove textos traduzidos no modo juramentado com os respectivos originais, além de dezesseis textos traduzidos sem o processo de juramentação também com os respectivos originais. Dessa maneira, tornou-se possível a criação de um subcorpus de estudo paralelo de traduções no modo juramentado ($SCEP_1$), bem como um subcorpus de estudo paralelo de traduções sem o processo da juramentação ($SCEP_2$).

Dentro dessa perspectiva, esta investigação conta com um *subcorpus de estudo paralelo 1* ($SCEP_1$) composto por CS e ES traduzidos na direção inglês→português no modo juramentado ($TTJP_{-SCEP1}$) e os respectivos TO ($TOI_{-SCEP1}$), assim como contém documentos de mesma natureza traduzidos do português para o inglês no modo juramentado ($TTJI_{-SCEP1}$) e os respectivos TO ($TOP_{-SCEP1}$); e um *subcorpus de estudo paralelo 2* ($SCEP_2$), constituído de CS e ES traduzidos para o português sem o processo de juramentação (TTP_$_{SCEP2}$) e os respectivos TO (TOI_$_{SCEP2}$), e documentos de mesma natureza traduzidos para o inglês sem o processo de juramentação (TTI_$_{SCEP2}$) e os respectivos TO (TOP_$_{SCEP2}$). Cabe lembrar que os TT que constituem os SCEP$_1$ e SCEP$_2$ não são os mesmos que compõem o CE$_1$ e o CE$_2$, uma vez que criamos dois subcorpora (SCEP$_1$ e SCEP$_2$) apenas de TT que possuíam seus TO.

Os *corpora comparáveis* (CC) são constituídos por CS e ES originalmente escritos em português (TOP_$_{CC}$) e por documentos de mesma natureza escritos originalmente em inglês (TOI_$_{CC}$). Vale lembrar que todos os documentos que compõem os CC são textos autênticos e de mesma natureza – contratos sociais e estatutos sociais –, compilados via *Web*.[3]

Para facilitar a visualização da organização e desenho dos *corpora*, apresentamos a Figura 7.1, com uma legenda explicando novamente os itens abreviados:

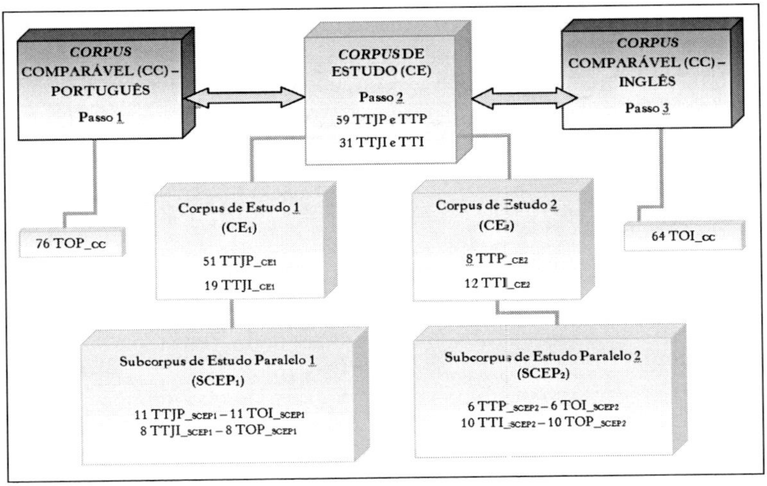


Figura 7.1 – Organização dos *corpora*.

3 A busca dos documentos pela internet foi realizada com o auxílio da ferramenta de busca Google (http://www.google.com br/).

Para auxiliar o levantamento de dados e a extração e análise das colocações e UFE, utilizamos o programa *WordSmith Tools*,[4] por meio de suas três ferramentas básicas: *WordList* (Lista de Palavras), *KeyWords* (Palavras-chave), e *Concord* (Concordância). Os *corpora* de referência utilizados nesta pesquisa foram, para o português, o *corpus* da *Folha de S.Paulo* e, para o inglês, o *British National Corpus* (BNC).

## Aproximações e distanciamentos na tradução juramentada e não submetida ao processo de juramentação de contratos sociais e estatutos sociais

No intuito de observar algumas aproximações e distanciamentos na tradução de CS e ES traduzidos no modo juramentado e não juramentado, na direção tradutória inglês→português e vice-versa, apresentamos as tabelas que seguem, com dados estatísticos do $CE_1$ e do $CE_2$.

Tabela 7.1A – Estatística do $CE_1$ – Contratos sociais JURAMENTADOS

| | TTJP | TTJI |
|---|---|---|
| Itens usados na lista | 182.759 | 20.313 |
| Formas | 6.878 | 1.858 |
| Razão FI | 3,76 | 9,14 |
| Razão FI padronizada | 33,11 | 32,69 |

Tabela 7.1B – Estatística do $CE_1$ – Estatutos sociais JURAMENTADOS

| | TTJP | TTJI |
|---|---|---|
| Itens usados na lista | 85.924 | 9.841 |
| Formas | 4.372 | 1.360 |
| Razão FI | 5,08 | 13,81 |
| Razão FI padronizada | 31,79 | 30,12 |

4 O programa pode ser adquirido pelo *site* <http://www.lexically.net/wordsmith/index.html>.

Tabela 7.1C – Estatística do $CE_1$ (Total) – JURAMENTADOS

| | TTJP | TTJI |
|---|---|---|
| **Itens usados na lista** | 268.683 | 30.154 |
| **Formas** | 7.987 | 2.494 |
| **Razão FI** | 2,97 | 8,27 |
| **Razão FI padronizada** | 32,69 | 31,76 |

Tabela 7.2A – $CE_2$ – Contratos sociais NÃO JURAMENTADOS

| | TTP_CE2 | TTI_CE2 |
|---|---|---|
| **Itens usados na lista** | 9.246 | 15.805 |
| **Formas** | 1.417 | 1.892 |
| **Razão FI** | 15,32 | 11,97 |
| **Razão FI padronizada** | 31,19 | 30,10 |

Tabela 7.2B – $CE_2$ – Estatutos sociais NÃO JURAMENTADOS

| | TTP_CE2 | TTI_CE2 |
|---|---|---|
| **Itens usados na lista** | 11.894 | 21.075 |
| **Formas** | 1.884 | 1.862 |
| **Razão FI** | 15,83 | 8,97 |
| **Razão FI padronizada** | 33,27 | 31,19 |

Tabela 7.2C – Estatística do $CE_2$ (Total) NÃO JURAMENTADOS

| | TTP | TTI |
|---|---|---|
| **Itens usados na lista** | 21.140 | 36.880 |
| **Formas** | 2.634 | 2.712 |
| **Razão FI** | 12,45 | 7,35 |
| **Razão FI padronizada** | 32,39 | 31,76 |

De acordo com as Tabelas 7.1A, 7.1B e 7.1C, podemos notar que tanto o número de $TTJP_{\_CE1}$ dos CS (182.759) quanto o número de $TTJI_{\_CE1}$ do mesmo tipo de documento (20.313) foram muito maiores do que o número de ES nas mesmas direções – 85.924 palavras de $TTJP_{\_CE1}$ e 9.841 palavras de $TTJI_{\_CE1}$, podendo indicar que o tipo de documento mais traduzido no modo juramentado que forma nossos *corpora* de pesquisa é o CS, em relação ao ES.

No que concerne à Tabela 7.1C, podemos observar que há uma demanda tradutória muito maior na direção inglês→português, do que na direção contrária. Esse resultado corrobora com aqueles alcançados por Camargo (2005), que também observou ocorrer em documentos de mesma natureza um maior volume de TJ no Brasil na direção tradutória para o português. Esse fato se deve à maior demanda de negócios internacionais do exterior para o Brasil; já o volume de transações brasileiras no exterior parece ser bem menor.

Com base nas Tabelas 7.2A, 7.2B e 7.2C, é possível notar que, diferentemente do que ocorreu no $CE_1$, há uma demanda tradutória maior na direção tradutória português→inglês, tanto em referência a CS quanto a ES. Esse resultado poderia ser explicado em razão de haver muitas multinacionais no Brasil, cujos CS e ES necessitam ser redigidos em português, uma vez que as filiais estão localizadas aqui no país. Tais documentos acabam sendo traduzidos para o inglês a fim de serem compreendidos e verificados pela matriz no exterior. Nesse caso, não haveria, em muitos países, a exigência de a tradução ser submetida ao processo de juramentação, como nos moldes brasileiros.

Com vistas a examinar as palavras consideradas chaves nos CE ($CE_1$ e $CE_2$) e nos SCEP ($SCEP_1$ e $SCEP_2$), utilizamos a ferramenta *KeyWords*, disponibilizada pelo *software WordSmith Tools*. Por questões de delimitação, focaremos, neste artigo, as palavras-chave na direção tradutória inglês→português.

Para a comparação entre CS e ES em textos traduzidos no modo juramentado e em textos traduzidos sem o processo de juramentação para o português, pertencentes ao *corpus* de estudo e ao subcorpus de estudo paralelo, apresentamos as Tabelas 7.3A e 7.3B, e 7.4A e 7.4B para análise.

As palavras-chave das Tabelas 7.3A e 7.3B destacadas em itálicos indicam que fazem parte dos $TTJP_{-CE1}$ e $TTJP_{-SCEP1}$ de ambos CS e de ES, e as destacadas em negrito nas Tabelas 7.4A e 7.4B apontam aquelas que constam dos $TTP_{-CE2}$ e $TTP_{-SCEP2}$ de ambos CS e de ES:

Tabela 7.3A – Palavras-chave TTJP$_{\text{–CE1 e}}$ TTJP$_{\text{–SCEP1}}$ C. Soc

| | Palavra-chave | Freq. |
|---|---|---|
| 1 | *SOCIEDADE* | 3.264 |
| 2 | *AÇÕES* | 2.427 |
| 3 | *CONSELHO* | 2.064 |
| 4 | *ASSEMBLEIA* | 991 |
| 5 | *ACIONISTAS* | 629 |
| 6 | *ADMINISTRAÇÃO* | 1.037 |
| 7 | *MEMBROS* | 755 |
| 8 | *PORTADOR* | 472 |
| 9 | *RESOLUÇÃO* | 516 |
| 10 | SÓCIOS | 484 |
| 11 | *DIRETORES* | 544 |
| 12 | *NOTIFICAÇÃO* | 299 |
| 13 | *MEMBRO* | 425 |
| 14 | CONTRATO | 591 |
| 15 | *DIVIDENDOS* | 276 |

Tabela 7.3B – Palavras-chave TTJP$_{\text{–CE1 e}}$ TTJP$_{\text{–SCEP1}}$ E. Soc

| | Palavra-chave | Freq. |
|---|---|---|
| 1 | *SOCIEDADE* | 1.499 |
| 2 | *AÇÕES* | 1.128 |
| 3 | *DIRETORES* | 848 |
| 4 | *ASSEMBLEIA* | 558 |
| 5 | *RESOLUÇÃO* | 335 |
| 6 | *NOTIFICAÇÃO* | 213 |
| 7 | *MEMBROS* | 309 |
| 8 | *CERTIFICADO* | 205 |
| 9 | *PORTADOR* | 190 |
| 10 | *ACIONISTAS* | 201 |
| 11 | *CLASSE* | 274 |
| 12 | *CONSELHO* | 304 |
| 13 | *ADMINISTRAÇÃO* | 287 |
| 14 | DETENTORES | 107 |
| 15 | *DIVIDENDOS* | 124 |

Tabela 7.4A – Palavras-chave nos TTP$_{\text{–CE2 e}}$ TTP$_{\text{–SCEP2}}$ C. Soc

| | **Palavra-chave** | **Freq.** |
|---|---|---|
| 1 | **AÇÕES** | 212 |
| 2 | **SOCIEDADE** | 166 |
| 3 | **CONSELHO** | 106 |
| 4 | CERTIFICADO | 60 |
| 5 | **MEMBROS** | 64 |
| 6 | DIVIDENDOS | 38 |
| 7 | CLASSE | 43 |
| 8 | DIRETORES | 37 |
| 9 | CONTRATO | 42 |
| 10 | MEMORANDO | 16 |
| 11 | **MEMBRO** | 29 |
| 12 | CEDENTE | 12 |
| 13 | VOTO | 37 |
| 14 | DISPOSIÇÕES | 18 |
| 15 | **ACIONISTA** | 19 |

Tabela 7.4B – Palavras-chave nos TTP$_{\text{–CE2 e}}$ TTP$_{\text{–SCEP2}}$ E. Soc

| | **Palavra-chave** | **Freq.** |
|---|---|---|
| 1 | DECLARADORA | 66 |
| 2 | **AÇÕES** | 132 |
| 3 | OFERTA | 98 |
| 4 | COMPANHIA | 95 |
| 5 | CONTROLADOR | 50 |
| 6 | **ACIONISTA** | 51 |
| 7 | SUBSIDIÁRIAS | 46 |
| 8 | **CONSELHO** | 94 |
| 9 | ADMINISTRAÇÃO | 93 |
| 10 | CONSELHEIROS | 36 |
| 11 | **ACIONISTAS** | 33 |
| 12 | PARTE | 83 |
| 13 | **SOCIEDADE** | 57 |
| 14 | GOVERNANÇA | 16 |
| 15 | **MEMBROS** | 35 |

Com bases nos dados expostos, notamos que 87% das palavras-chave mais frequentes nos $TTJP_{—CE1}$ e $TTJP_{—SCEP1}$ de CS aparecem também entre as quinze palavras-chave mais frequentes nos $TTJP_{—CE1}$ e $TTJP_{—SCEP1}$ de ES, exceto os termos "contrato" e "sócios" que não aparecem nos ES.

Apesar de o termo "sócios" não figurar entre as palavras-chave mais frequentes nos $TTJP_{—CE1}$ e $TTJP_{—SCEP1}$ de ES, ele surge na posição 82ª desse mesmo tipo de documento, com 79 ocorrências. Já o termo "contrato" não consta na lista de palavras-chave dos ES. O termo "detentores", que surge na 14ª posição na Tabela 7.27B, nos $TTJP_{—CE1}$ e $TTJP_{—SCEP1}$ de ES, com 107 ocorrências, também aparece nos $TTJP_{—CE1}$ e $TTJP_{—SCEP1}$ dos CS, porém na 37ª posição, com 198 ocorrências.

Esses dados poderiam indicar que a estrutura dos CS se mostra semelhante àquela dos ES, segundo a aproximação lexical constatada nos documentos investigados.

No tocante aos $TTP_{—CE2}$ e $TTP_{—SCEP2}$ de CS e de ES, é possível observar que apenas seis, das quinze palavras-chave mais frequentes nos $TTP_{—CE2}$ e $TTP_{—SCEP2}$ de CS, aparecem nos $TTP_{—CE2}$ e $TTP_{—SCEP2}$ de ES, a saber: "ações", "sociedade", "conselho", "membro(s)" e "acionista". Das demais palavras-chave constantes nos $TTP_{—CE2}$ e $TTP_{—SCEP2}$ de CS, apenas "memorando" (64ª posição, com dez ocorrências) e "voto" (177ª posição, com catorze ocorrências) surgem nos ES. Das palavras-chave que fazem parte da lista das quinze palavras com maior chavicidade nos $TTP_{—CE2}$ e $TTP_{—SCEP2}$ de ES, apenas a palavra-chave "conselheiros" surge nos $TTP_{—CE2}$ e $TTP_{—SCEP2}$ de CS.

## Considerações finais

Em razão de os CS e ES analisados apresentarem situações regularmente recorrentes, no que tange à organização e duração da empresa, aos objetivos, à administração de suas ações ou cotas, às responsabilidades e aos direitos dos sócios, entre outras, pudemos notar que, quando tais situações são representadas pela linguagem, essa regularidade também se faz presente. Tais regularidades foram verificadas nas palavras-chave, as quais, neste estudo, apresentaram uma série de aproximações no conjunto de textos pesquisados.

Também foi possível observar, de acordo com os dados de nossos *corpora*, que o maior volume de TJ se dá na direção tradutória inglês→português, diferentemente do que ocorreu com os textos não submetidos ao processo de juramentação, cuja demanda tradutória mostrou-se maior na direção tradutória português→inglês, tanto em referência a CS quanto a ES.

Além desses aspectos, observamos, por meio da análise das palavras-chave, várias semelhanças no que concerne aos textos traduzidos no modo juramentado em relação aos textos não submetidos ao processo de juramentação, dada a existência de uma série de aspectos semânticos, lexicais, temáticos e estruturais em comum entre CS e ES.

# 8
# Um estudo do léxico mais frequente em contratos de compra e venda traduzidos no modo juramentado, na direção inglês→português[1]

*Celso Fernando Rocha*[2]

## Introdução

Nas últimas décadas, a ampliação do fenômeno da globalização tem feito com que a tradução seja utilizada de maneira cada vez mais intensa ao redor do mundo. As transações comerciais entre os países, a circulação de pessoas e a difusão de conhecimentos fazem parte do processo de aumento do volume de traduções. A tecnologia é outro aspecto relevante tanto para a veiculação da tradução nos meios impresso, audiovisual e internet como também tem contribuído para o desenvolvimento da disciplina Estudos da Tradução.

As investigações que têm como foco a tradução recorrem, com frequência, ao auxílio do computador para análise de textos traduzidos (TT), levantamento de termos mais utilizados, criação de *corpora* de tradução etc. Por seu turno, o conhecimento gerado tem

---

1 Este capítulo apresenta parte dos resultados da dissertação de mestrado, intitulada *Tradução juramentada de contratos de compra e venda*, defendida junto ao Departamento de Letras Modernas da Universidade Estadual Paulista "Júlio de Mesquita Filho" (Unesp).

2 Departamento de Letras Modernas, Instituto de Biociências, Letras e Ciências Exatas (Ibilce), Universidade Estadual Paulista "Júlio de Mesquita Filho" (Unesp), *campus* de São José do Rio Preto.

propiciado subsídios importantes para a criação de material didático e para treinamento de tradutores.

A evolução tecnológica não só ampliou a demanda de traduções, como também passou a auxiliar o fazer tradutório. O poder de processamento da máquina, aliado às habilidades humanas, oferece maior dinamicidade e precisão para o trabalho dos tradutores. Para os pesquisadores, análises mais abrangentes e completas dos TT podem ser realizadas por meio da ajuda de *corpora* eletrônicos.

Nesse sentido, o presente capítulo apresenta o resultado parcial de investigações a respeito das características da tradução juramentada (TJ) na direção inglês→português, no que concerne a semelhanças e diferenças no uso do léxico mais frequente encontrado em contratos de compra e venda (CCV). A pesquisa situa-se no campo dos Estudos da Tradução Baseados em *Corpus* e no da Linguística de *Corpus*; ainda recorre, em parte, ao arcabouço teórico-metodológico da Terminologia.

Cabe mencionar que a TJ faz-se necessária em razão das várias exigências legais. Para que documentos escritos em idiomas estrangeiros possam ser validados no território nacional, nos mais diversos órgãos administrativos públicos é obrigatória a apresentação do original vinculado à sua tradução para o vernáculo. Embora cresça a cada dia a demanda de documentos submetidos à TJ, é escassa a literatura na área. Também são raras as investigações específicas sobre essa modalidade tradutória, dado que as poucas pesquisas a que se têm acesso partem da prática de alguns tradutores juramentados que disponibilizam textos de uso próprio. No entanto, com o aumento do comércio exterior e o trânsito de pessoas e de mercadorias cada vez mais intenso, a TJ passa a ser ainda mais utilizada. Desde um histórico escolar ou até mesmo contratos bilionários entre empresas, todos podem requerer, por exigências legais, esse tipo de tradução.

Além de levantarmos o léxico mais frequente dos contratos de compra e venda submetidos a TJ e procedermos a um estudo a respeito de sua variedade vocabular, tivemos como objetivo a compilação de um glossário bilíngue.

## Embasamento teórico

Na presente investigação, fizemos uso de uma abordagem interdisciplinar; recorremos ao apoio teórico dos Estudos da Tradução Baseados em *Corpus* (Baker, 1993, 1995, 1996; Camargo, 2005), a Linguística de *Corpus* (Berber Sardinha, 1999, 2000b, 2004; Tognini-Bonelli, 2001) e, em parte, a princípios adotados pela Terminologia (Aubert, 1992, 1996; Barros, 1998, 2004; Krieger; Finatto, 2004). Cabe salientar que por meio da proposta de Mona Baker (1993, 1995, 1996) quanto ao uso de *corpora* para se investigar a natureza do texto traduzido e, por conseguinte, o que é e como se constrói o processo de tradução, surgiram várias oportunidades de estudo de fenômenos linguísticos e culturais. Algumas questões tradicionalmente discutidas nas teorias de tradução são retomadas sob esse novo olhar e repensadas à luz das comparações entre TO e TT ou apenas entre TT. Ademais, o suporte técnico e teórico da Linguística de *Corpus*, divulgado em Berber Sardinha (2000b, 2004), desde a década de 1990, contribui significativamente para os estudos na área.

## Procedimento para a compilação dos *corpora*

Foram compilados três *corpora*, o primeiro composto por 34 contratos de compra e venda traduzidos no modo juramentado para o português (TTJP-CCV); o segundo, por 42 textos originais de contratos de compra e venda em português (TOP-CCV); e o último, por 26 textos originais em inglês de contratos de compra e venda (TOI-CCV). No que diz respeito à compilação de nosso *corpus* principal ou *corpus* de estudo de textos traduzidos no modo juramentado para o português, foram levantados documentos junto a três profissionais da área da TJ, regularmente inscritos na Junta Comercial do Estado de São Paulo. A opção pela utilização de *corpora* comparáveis se deve ao fato de que os tradutores juramentados raramente anexam os textos originais no Livro de Tradução.

Dessa maneira, contamos com três *corpora*, com a seguinte distribuição:

Tabela 8.1 – Constituição dos *corpora*.

| Tipo de *corpus* | Tipo de documento | Número de palavras |
|---|---|---|
| ***Corpus* de estudo 1** | **TTJP-ccv** | **98.184** |
| *Corpus* comparável 1– em português | TOP-ccv | 64.384 |
| *Corpus* comparável 1– em inglês | TOI-ccv | 224.628 |

Para a extração dos dados, utilizamos o programa *WordSmith Tools* versão 4. Foram empregadas as ferramentas *WordList*, *KeyWord* e *Concord*. Com o auxílio da *WordList*, foi possível criar listas de palavras por ordem de frequência e por ordem alfabética de cada *corpus* da pesquisa. Logo após, por meio da ferramenta *KeyWords*, as listas de palavras dos *corpora* de estudo foram, respectivamente, contrastadas com a lista de um *corpus* de referência. Para o contraste, recorremos ao *corpus* do projeto *Lácio-Web*,[3] cujo objetivo principal é divulgar e disponibilizar, de maneira livre e gratuita, vários *corpora* do português brasileiro escrito contemporâneo, além de ferramentas linguístico-computacionais. Esse conjunto de bancos de textos é formado por seis subcorpora: Lácio-Ref, Mac-Morpho, Par-C, Comp-C, Lácio-Dev e Lácio-Sint. Para o contraste da lista de palavras dos TJP-ccv, fizemos uso do Lácio-Ref, constituído por textos dos gêneros jurídico, literário, científico, instrucional e informativo. A partir dos resultados obtidos, empregamos a ferramenta *Concord* para gerar o cotexto, e passamos à busca de possíveis candidatos a termos simples.

No que se refere à *organização dos glossários*, trata-se especificamente de um glossário bilíngue – português-inglês –, que traz os termos simples, a partir de palavras-chave extraídas, primeiramente, do *corpus* de estudo de textos. Propusemos uma estrutura que trouxesse, do lado superior esquerdo, uma lista dos termos encontrados

3 Para a descrição geral, tipologia textual e acesso aos *corpora*, ver <http://www.nilc.icmc.usp.br/lacioweb>.

nos TTJP; do lado superior direito, uma lista que apresentasse os termos presentes no *corpus* de apoio (CA), constituído de dicionários especializados em Direito e em termos de negócios, a saber: a) uma obra monolíngue, *Vocabulário Jurídico* de De Plácido e Silva (D1), para atestar a existência do termo; b) *Dicionário Jurídico* de Maria Chaves de Mello (D2); c) *Dicionário trilíngue de termos de negócios* de Migliavacca (D3) e d) *Dicionário Jurídico* do autor Noronha (D4).

## Os termos mais frequentes nos contratos de compra e venda

No Quadro 8.1 tem-se uma amostra contendo os primeiros termos levantados a partir do *corpus* de estudo e a indicação, nos respectivos *corpora* comparáveis e no *corpus* de apoio (dicionários de direito e comércio), de sua ocorrência ou não.

Quadro 8.1 – Resultado da busca dos termos simples.

| *Corpus* de Estudo | *Corpora* Comparáveis | | *Corpora* de Apoio | | | |
|---|---|---|---|---|---|---|
| **Termo do TTJP-ccv** | **TOP-ccv** | **TOI-ccv** | **D1** | **D2** | **D3** | **D4** |
| Acordo | Sim | Sim | Sim | Sim | Sim | Sim |
| Adendo | N.E. | N.E. | Sim | Sim | Sim | Sim |
| Anexo | Sim | Sim | Sim | Sim | Sim | Sim |
| Apólice | Sim | Sim | Sim | Sim | Sim | Sim |
| Arbitragem | Sim | Sim | Sim | Sim | Sim | Sim |
| Assinatura | Sim | Sim | Sim | Sim | Sim | Sim |
| Ativos | Sim | Sim | Sim | Sim | Sim | Sim |
| Carta | Sim | Sim | Sim | N.E. | Sim | Sim |
| Certificado | Sim | Sim | Sim | Sim | N.E. | Sim |
| Cláusula | Sim | Sim | Sim | Sim | Sim | Sim |
| Compra | Sim | Sim | Sim | Sim | Sim | Sim |
| Comprador | Sim | Sim | Sim | Sim | Sim | Sim |
| Condições | Sim | Sim | Sim | Sim | Sim | Sim |
| Contratantes | Sim | Sim | Sim | Sim | Sim | Sim |

*Continua*

Quadro 8.1 – *Continuação*

| *Corpus* de Estudo | *Corpora* Comparáveis | | *Corpora* de Apoio | | | |
|---|---|---|---|---|---|---|
| **Termo do TTJP-ccv** | **TOP-ccv** | **TOI-ccv** | **D1** | **D2** | **D3** | **D4** |
| Contrato | Sim | Sim | Sim | Sim | N.E. | Sim |
| Crédito | Sim | Sim | Sim | Sim | Sim | Sim |
| Danos | Sim | Sim | Sim | Sim | Sim | Sim |
| Declaração | Sim | Sim | Sim | Sim | Sim | Sim |
| Despesas | Sim | Sim | Sim | Sim | Sim | Sim |
| Direito | Sim | Sim | Sim | Sim | Sim | Sim |
| Disposições | Sim | Sim | Sim | Sim | Sim | Sim |
| Embarque | Sim | Sim | Sim | N.E. | Sim | Sim |
| Encargos | Sim | Sim | Sim | Sim | N.E. | Sim |
| Endosso | Sim | Sim | Sim | Sim | Sim | Sim |
| Entrega | Sim | Sim | Sim | Sim | Sim | Sim |
| Fatura | Sim | Sim | Sim | Sim | Sim | Sim |
| Frete | Sim | Sim | Sim | Sim | Sim | Sim |
| Importação | Sim | Sim | Sim | Sim | Sim | Sim |
| Garantia | Sim | Sim | Sim | Sim | Sim | Sim |
| Impostos | Sim | Sim | Sim | Sim | Sim | Sim |
| Inadimplemento | Sim | Sim | Sim | Sim | N.E. | Sim |
| Inspeção | Sim | Sim | Sim | Sim | N.E. | Sim |
| Instrumento | Sim | Sim | Sim | Sim | N.E. | Sim |
| Leis | Sim | Sim | Sim | Sim | N.E. | Sim |
| Liberação | Sim | Sim | Sim | Sim | Sim | Sim |

De acordo com o Quadro 8.1, podemos observar que os termos simples levantados no *corpus* de estudo foram quase todos encontrados nos *corpora* comparáveis em português e em inglês, bem como nas três obras de referência consultadas. Cabe ressaltar que mesmo com a existência no CA de entrada para os termos, muitas vezes não há indicação de frequência de uso ou adequação a determinado contexto, pois nenhum dos dicionários apresenta exemplos de uso.

Na pesquisa foram selecionados 57 termos simples por meio da listagem gerada pela ferramenta *KeyWord*. A título de ilustração, apresentaremos a análise feita com o termo "acordo".

Encontramos a seguinte definição para esse termo em português no *Vocábulo Jurídico*:

> **Acordo**. Ajuste, convenção ou contrato, instituído entre duas ou mais pessoas, que se acertam em estabelecê-lo Condições ajustadas entre duas ou mais pessoas no intuito de fazer cessar uma pendência ou uma demanda. O instrumento em que se firma essa convenção. (De Plácido e Silva, p.56)

Quanto ao número de ocorrências do termo, a sua frequência foi maior no *corpus* de estudo de TTJP-ccv do que no *corpus* comparável de TOP-ccv, conforme Tabela 8.2:

Tabela 8.2 – Comparação do termo simples "acordo", nos *corpora* de TTJP-ccv e TOP-ccv

| **Termo** | ***Corpus* de TTJP-ccv freq.** | ***Corpus* de TOP-ccv freq.** |
|---|---|---|
| ACORDO | 282 | 83 |

Com relação à tradução para o inglês do termo "acordo", pudemos verificar os seguintes termos equivalentes nos dicionários consultados na direção português/inglês:

| | |
|---|---|
| Acordo (D2) | *agreement* (encontro de vontades); *settlement* |
| Acordo (D3) | *accord* |
| Acordo (D4) | nm *agreement; covenant; accord; combination; concord* |

Por sua vez, na direção tradutória inglês/português, o dicionário *Noronha* apresenta as seguintes traduções para o termo *agreement*:

> **AGREEMET** – s. contrato; acordo; pacto; convênio; convenção; concordância.

O termo *agreement* (com 2.286 ocorrências no TOI-ccv) apresenta dois termos equivalentes com frequências significativas nos TTJP-ccv: "contrato" (1.252) e "acordo" (295). Em nosso *corpus* de

TOI-ccv, ocorreram seis das entradas dadas pelo CA, na seguinte sequência:

| Termos | Frequência |
|---|---|
| Agreement | 2.416 |
| Contract | 220 |
| Settlement | 65 |
| Covenant | 49 |
| Combination | 8 |
| Accord | 1 |

O termos simples *accord* ocorreu apenas uma vez no *corpus* de TOI-ccv, contendo 238.389 palavras, o que demonstraria que sua recorrência em contratos de compra e venda originalmente escritos em inglês parece ser acentuadamente mais baixa em relação a *agreement* (2.416). Já o termo *concord* não foi registrado nenhuma vez.

O *Black's Law Dictionary* menciona que o termo *agreement* é frequentemente empregado como sinônimo do termo *contract* e que o primeiro agrega acepções mais generalizantes e menos técnicas. Todo *contract* é um *agreement*, mas nem todo *agreement* é um *contract*. Em um convite aceito para um jantar, não há criação de obrigações legais e sim há existência de um acordo (*agreement*) entre as partes. A partir do momento em que há obrigações legais, passamos a ter um contrato. Com relação ao termo *contract*, haveria pelo menos três concepções em uso. A primeira pode ser vista como uma série de atos empreendidos pelas partes com o intuito de estabelecer relações legais. A segunda pode ser entendida como sendo o documento físico, representando o ato de estabelecimento formalizado das obrigações e as obrigações *per se*. A última trataria das relações legais resultantes dos atos operativos, direitos e deveres, ou seja, as obrigações geradas.

Cabe mencionar que quando dinheiro é trocado por mercadorias, temos *sale* (venda) e quando dinheiro é tocado por terras, temos *conveyances* (escritura de transmissão de propriedade). Tanto *sale* quanto *conveyances* são resultados de um contrato prévio. Nesse sentido, teríamos o termo *settlement* (*conveyance of property*) um "acordo de transferência de propriedade" ou interesses, ligados a propriedades, geralmente para membros da mesma família. Difere-se da partilha, por distribuir para os beneficiários quantias ou propriedade distintas das que seriam recebidas de acordo com os *statutes of descent*. No que concerne ao termo *combination*, podemos depreender que tem relação com a conjugação de esforços entre empresas ou indivíduos com finalidade de promover melhorias ou criar novos produtos, processos, técnicas ou combinações de patentes com vistas a atingir novos mercados. No exemplo levantado do *corpus* de TOI-ccv a seguir, é mencionada a "combinação" de produtos advindos de uma empresa com produtos adquiridos de terceiros. Enfatiza-se que há ressalvas na utilização e combinação deles.

Levantamos as linhas de concordância dos termos *agreement*, *contract*, *settlement*, *convenant* e *combination* em seus cotextos no *corpus* de TOI-ccv:

| | |
|---|---|
| *Agreement*<br>CCV (fusão) | *WHEREAS, WorldCom is a party to an* **Agreement** *and Plan of Merger (the "CompuServe Agreement") of even date herewith, pursuant to which it has agreed*<br>*to acquire CompuServe Corporation, a Delaware corporation ("CompuServe"), through a merger (the "Merger") with WorldCom Acquisition Company, L.L.C.*<br>("WAC"), which is wholly owned by WorldCom; [...] – TOI-ccv |
| *Contract*<br>CCV de ações | "**Contract**" *means any written or oral contract, agreement, license, lease, indenture or evidence of indebtedness.* |
| *settlement*<br>CCV de propriedade | *PURCHASE PRICE. The purchase price for the Property is One Million Dollars (USC) ($1,000,000.00) payable by Purchaser to Seller at* **settlement** *as hereinafter set forth.* – TOI-ccv |
| *Covenant*<br>CCV de propriedade | *That for and in consideration of the mutual* **covenants** *and agreements hereinafter contained, the undersigned parties hereto, intending to be legally bound hereby, agree as follows:*<br>*1. PROPERTY.*<br>*Seller agrees to sell and Purchaser agrees to purchase all of that certain piece or parcel of land known as 100 Bellevue Road, Newark, Delaware, [...]* – TOI-ccv |
| *Combination*<br>CCV de equipamento | *The purchase, receipt or possession of Products from or through IBM carries no license or immunity, express or implied, under any patent of IBM covering the* **combination** *of such Products with other products purchased from others or the use of any such combination, or under any patent or other intellectual property right of any third party relating to such Products or their combinations with any other products.* – TOI-ccv |

Apresentamos, em seguida, o primeiro termos simples do glossário acompanhado do cotexto do *corpus* de TJ, dos equivalentes nos *corpora* comparáveis e dos equivalentes retirados dos CA:

ACORDO

| TTJP-ccv<br>**Acordo**<br>(ocorrências: 282 /chavicidade: 713,68)<br>As Partes mutuamente concordam que a liberação da hipoteca existente registrada no livro [número do livro], página [número da página] do [número do tabelião] Tabelião de Notas da Cidade de São Paulo [...], será feita apenas em conjunto com o **acordo** da nova hipoteca estabelecida nesta cláusula. | CA<br>**Acordo**<br>D1 – consta definição.<br>D2 – agreement<br>D3 – *accord*<br>D4 – *agreement; covenant; accord; combination; concord.* |
|---|---|
| TOP-ccv<br>**Acordo**<br>As informações trocadas pelas Partes não são confidenciais. Se qualquer uma das Partes solicitar a troca de informações confidenciais, as Partes assinarão um **acordo**. | TOI-ccv<br>**Agreement**<br>*All capitalized terms used in this* ***agreement*** *and not defined in the text hereof have the meanings set forth in Article X.* |

## Características da linguagem empregada nos contratos dos *corpora* da pesquisa

Podemos mencionar, com relação ao contraste da linguagem empregada nos TTJP-ccv e nos TOP-ccv, a maior quantidade de cláusulas na TJ contendo informações relativas a ressalvas, advertências, punições para o caso de algum aspecto no contrato não ser cumprido. Algumas cláusulas dos TTJP-ccv chegam a conter 139 palavras num único período. Nos TOP-ccv, os parágrafos das cláusulas mostram-se mais curtos e com maior uso de pontuações.

Já nos TOI-ccv, encontramos um número mais acentuado de cláusulas contendo os conceitos dos termos empregados do que nos TOP-ccv. Como exemplo, podemos citar: "*When used in this Agreement, the following terms shall have the meanings indicated below*" (TOI-ccv). Após essa frase, segue uma lista de definições de termos que são utilizados nos contratos; como "*Indemnifying Party: the term 'Indemnifying Party' shall mean the party having an obligation hereunder indemnify the other party or parties pursuant to this Section 5.2 [...]*". Parece ocorrer uma tendência ainda maior de se caracterizar e definir de modo mais explícito os significados dos vocábulos dentro do âmbito dos contratos originalmente escritos em inglês.

Outro aspecto observado no *corpus* de estudo diz respeito a erros encontrados no original. Essas ocorrências foram indicadas pelo tradutor por meio da inserção de [sic], evidenciando uma tendência para se ater ao original, devido ao requisito de fidelidade ao TO requerida para documentos processados no modo juramentado.

## Observações finais

Cabe acrescentar que o estudo pautado pela interdisciplinaridade, proposta do projeto de pesquisa PETra, possibilitou-nos uma investigação da TJ com vistas a uma contribuição para o estudo de suas características. Também o levantamento e a observação da terminologia empregada na TJ de CCV possibilitaram a criação de um glossário, que poderá auxiliar o trabalho do tradutor iniciante, bem como de tradutores que nunca tiveram contato com esse gênero textual. Desse modo, tanto a apresentação do léxico mais frequente e de seus equivalentes acompanhados de seu cotexto, como as características da TJ e as tomadas de decisões descritas ao longo deste trabalho poderão contribuir para uma conscientização das especificidades desse tipo de tradução.

# Referências bibliográficas


AMADO, J. *Sea of death*. Trad. Gregory Rabassa. New York: Avon Books, 1984.

______. *O sumiço da santa*. Rio de Janeiro: Record, 1988.

______. *Mar morto*. 63.ed. Rio de Janeiro: Record, 1990.

______. *The war of the saints*. Trad. Gregory Rabassa. Toronto: Bantam Books, 1993.

ANTUNES, M. A. G. *O respeito pelo original*: uma análise a partir do caso de João Ubaldo Ribeiro. 2007. Tese (Doutorado em Letras) – Pontifícia Universidade Católica. Rio de Janeiro, 2007.

ARAGÃO. M. L. *Sagento Getúlio*: uma história de aretê. *Caleidoscópio*, v.8, p.104-110, 1988.

ARROJO, R. Pierre Menard, autor del Quijote: esboço de uma poética da tradução via Borges. *Tradução & Comunicação*, São Paulo, n.5, p.75-90, dez. 1984.

______. Tradução, desconstrução e Psicanálise. Rio de Janeiro: Imago, 1993.

______. Interpretation as possessive love: Hélène Cixous, Clarice Lispector and the ambivalence of fidelity. In: BASSNETT, S.; TRIVEDI, H. *Pos-colonial translation*. Londres: Routledge, 1999, p.141-61.

AUBERT, F. H. *A tradução do intraduzível*. Pesquisa apresentada a FFLCH, USP, 1981.

______. Descrição e quantificação de dados em Tradutologia. *Tradução e Comunicação*, v.4, p.71-82, 1984.

______. *Askeladden e outras aventuras tradutórias*. São Paulo, 1991. Tese (Livre-Docência) – Faculdade de Filosofia, Letras e Ciências Humanas, Universidade de São Paulo.

______. *Problemas e urgências na interrelação terminologia/tradução*. São Paulo: Alfa, p.81-87, 1992.

______. *Introdução à metodologia de pesquisa terminológica bilíngue*. São Paulo: Humanitas Publicações-FFLCH/USP, 1996. 99p.

______. *Tipologia e procedimentos da tradução juramentada*. V.1 e 2. São Paulo: Citrat/ FFLCH/ USP, 1998.

______. Indagações acerca dos Marcadores Culturais na Tradução. *Revista de Estudos Orientais*, n.5, p.23-36, 2006.

AUBERT, F. H.; TAGNIN, S. E. O. A corpus of sworn translations. Proceedings of the Corpus Linguistics. In: ARCHER, D.; RAYSON, P.; WILSON, A.; MCENERY, T. (eds.). *UCREL Technical Papers*, v.16, parte 1, 2003.

BAKER, M. *In other words*: a coursebook on translation. London; New York: Routledge, 1992.

______. Corpus linguistics and translation studies – Implications and applications. In: BAKER, M. et al. (Ed.) *Text and technology*: in honour of John Sinclair. Amsterdam; Philadelphia: John Benjamins, 1993. p.233-50.

______. Corpora in translation studies: an overview and some suggestions for future research. *Target*, v.7, n.2, p.223-43, 1995.

______. Corpus-based translation studies: the challenges that lie ahead. In: SOMERS, H. (Ed.) *Terminology, LSP and translation studies in language engineering*, in honour of Juan C. Sager. Amsterdam; Philadelphia: John Benjamins, 1996. p.175-86.

______. Linguística e estudos culturais: paradigmas complementares ou antagônicos nos Estudos da Tradução? In: MARTINS, M. A. P. (Org.) *Tradução e multidisciplinaridade*. Rio de Janeiro: Lucerna, 1999. p.15-34.

______. Towards a methodology for investigating the style of a literary translator. *Target*, v.12, n.2, p.241-66, 2000.

______. Corpus-based translation research on legal, technical and corporate texts. In: KLAYDY, K. *Across languages and cultures*: a multidisciplinary journal of translation and interpreting studies. 2:1. Budapest: Akadémiai Kiadó, 2001. p.113-25.

______. A corpus-based view of similarity and difference in translation. *International Journal of Corpus Linguistics*, v.2, n.9, p.167-93, 2004a.

______. Linguistic models & methods in the study of translation. In: *International Encyclopedia of Translation Research*. Berlin; New York: Mount de Gruyter, 2004b.

BARROS, L. A. O percurso do trabalho terminológico: aspectos metodológicos e dialética da pesquisa científica. *Boletin da Cátedra de Linguística Aplicada Leandro Caballero*. Havana: Facultad de Lenguas Extranjeras/Universidade de Havana, 2 set. 1998, p.1-4.

BARROS, L. A. *Curso básico de terminologia*. São Paulo: USP, 2004.

BENTES, C. M. *Clifford Landers* – tradutor do Brasil. 2005. Dissertação (Mestrado) – Pontifícia Universidade Católia. Rio de Janeiro, 2005.

BERBER SARDINHA, T. *Ferramentas de busca e de exploração de corpora*. In: SEMINÁRIO DE ESTUDOS DE CORPUS, 10. InPLA, 1999. São Paulo, 1999.

______. Usando WordStmith Tools na investagação da linguagem. *DIRECT Papers* 40. São Paulo: PUC/SP, 1999a. Disponível em: <http://sites.uol.com.br/tony4/homepage.html>. Acesso em: 24 jun. 2005.

______. A influência do tamanho do *corpus* de referência na obtenção de palavras-chave. *DIRECT Papers* 38. São Paulo: PUC/SP. 1999b. Disponível em: <http://sites.uol.com.br/tony4/homepage.html>. Acesso em: 24 jun. 2005.

______. Ferramentas de busca e de exploração de *corpora*. In: 10° InPLA. São Paulo. *Anais*... São Paulo: PUC-SP, 2000a.

______. Linguística de *corpus*: histórico e problemática. *D.E.L.T.A.* v.2, n.16, p.323-67, 2000b.

______. *Linguística de corpus*. São Paulo: Manole, 2004.

______. (Org) *A língua portuguesa no computador*. Campinas: Mercado das Letras; São Paulo: Fapesp, 2005. (Coleção As Faces da Linguística Aplicada).

BERMAN, A. *La traduction littéraire, scientifique et technique*. Paris: La Tilu, 1971.

BERND, Z. A escritura mestiça de João Ubaldo Ribeiro. In: *João Ubaldo Ribeiro*: obra seleta. Rio de Janeiro: Nova Aguilar, 2005. p.13-27.

BIBER, D.; FINEGAN, E. An Initial Typology of English Text Types". In: J. AARTS, J.; MEIJS, W. (eds.) *Corpus Linguistics II new studies in the analysis and exploitation of computer corpora*. Amsterdã: Rodopi, 1986.

BLAKEMORE, D. The relevance of reformulations. *Language and Literature*, v.2, p.101-20, 1993.

BLUM-KULKA, S. "Shifts of Cohesion and Coherence in Translation". In: HOUSE, J.; BLUM-KULKA, S. (eds.). *Interlingual and Intercultural Communication:* Discourse and Cognition in Translation and Second Language Acquisition Studies. Tubingen: Narr, 1986, p.17-35.

BOBBIO, N. et al. *Dicionário de política.* Trad. Carmen C. Varriale et al. 5.ed. Brasília: Editora Universidade de Brasília; São Paulo: Imprensa Oficial do Estado, 2000.

BONALUMI, E. F. *Análise de similaridades e diferenças no uso de marcadores de reformulação e padrões lexicais em* Family Ties, The Aple in the Dark *e* Soulstorm, *de Clarice Lispectior, e* The Red House, *de Lia Luft.* 2006. 181f. Dissertação (Mestrado em Estudos da Tradução) – Instituto de Biociências, Letras e Ciências Exatas, Universidade Estadual Paulista "Júlio de Mesquita Filho". São José do Rio Preto, 2006.

BORISOV. *Dicionário de economia política.* s. l.: Akal, 1975.

BOUDON, R.; BOURRICAUD, F. *Dicionário crítico de sociologia.* Trad. Maria Letícia Guedes Alcoforado e Durval Ártico. São Paulo: Ática, 1993.

BRESSER-PEREIRA, L. C. Seis interpretações sobre o Brasil. *Dados: Revista de Ciências Sociais,* São Paulo, v.5, n.3, p.269-306, 1982.

______. Six Interpretations of the Brazilian Social Formation. *Latin American Perspectives,* issue 40, v.2, n.1, p.35-72, Winter 1984.

______. *The debt problem: postpone it or solve it?* Statement before the US Congressional Summit on the Economic Agenda for the Nineties. Vienna, Sept. 4, 1988.

______. Dívida externa: adiar ou resolver. In: ______. (Org.) *Dívida pública*: crise e soluções. São Paulo: Brasiliense, 1989a. p.241-6.

______. A Debtor's Approach to the Debt Crisis. In: BOGDANOWICZ-BINDERT, C. (Org.) *Solving the Global Debt Crisis.* New York: Harper & Row, 1989b.

______. Da crise fiscal à redução da dívida. In: VELLOSO, J. P. R. (Org.) *Dívida externa e desenvolvimento.* Rio de Janeiro: José Olympio, 1990. p.16-46.

______. Uma interpretação da América Latina: a crise do Estado. *Novos Estudos Cebrap,* São Paulo, v.37, p.37-57, nov. 1993a.

______. The crisis of the State Approach to Latin American. Texto para Discussão n.1, Instituto Sul-Norte de Política Econômica e Relações Internacionais. Novembro 1993b.

______. From Mercosul to American Integration. In: *Cepal-BID: Trade Liberalization in the Western Hemisphere.* Washington: Interamerican

Development Bank and Economic Commission for Latin America and the Caribbean. 1995a.

______. Estado, sociedade civil e legitimidade democrática. *Lua Nova: Revista de Cultura e Política,* São Paulo, n.36, p.85-104, 1995b.

______. State, civil society and democratic legitimacy. *São Paulo School of Economics of the Getúlio Vargas Foundation,* 1995c.

______. The missing social contract: governability and reform in Latin America. In: CUCATENZEILER, G.; PHILIP, O. (Ed.) *What kind of democracy? What kind of market? Latin America in the Age of Neoliberalism.* Filadelphia: Penn State University Press, 1998. p.21-41.

______. Reflexões sobre a Reforma Gerencial Brasileira de 1995. *Revista do Serviço Social,* Londrina, v.50, n.4, p.5-30, 1999.

______. Da política de elites à democracia de sociedade civil. In: VELLOSO, J. P. R. (Org.) *Brasil 500 anos futuro, presente, passado.* Rio de Janeiro: José Olympio Editora, 2000a. p.517-38.

______. After the elites, civil society's democracy in Brazil. In: PANEL THE EVOLUTION OF DEMOCRACY IN LATIN AMERICA. IPSA – International Political Association Congress, Quebec, August 1-5. Quebec, IPSA, 2000b.

______. A nova esquerda: uma visão a partir do sul. *Filosofia Política,* v.6, p.144-78, 2000c.

______. The New Left Viewed from the South. In: GIDDENS, A. (Ed.) *The Global Third Way Debate.* s. n.: s. l., 2001. p.358- 71.

______. The 1995 Public Management Reform in Brazil Reflections of a Reformer. In: SCHNEIDER, B. R.; HEREDIA, B. (Ed.) *Reinventing Leviathan.* Miami: North-South Center Press, 2003, p.89-109.

______. Do ISEB e da CEPAL à teoria da dependência. In: TOLEDO, C. N. (Org.) *Intelectuais e política no Brasil*: a experiência do ISEB. Rio de Janeiro: Revan, 2005a, p.201-32.

______. From ECLAC and ISEB to Dependency Theory. *São Paulo School of Economics of the Getúlio Vargas Foundation,* 2005b.

______. Estratégia nacional e desenvolvimento. *Revista de Economia Política,* São Paulo, v.26, n.2 (102), p.203-30, abr./jun. 2006.

______. Why foreign savings fail to cause growth. *São Paulo School of Economics of the Getúlio Vargas Foundation* Jan. 2007a.

______. Burocracia pública e classes dirigentes no Brasil. *Revista de Sociologia e Política,* Curitiba, v.28, p.9-30, jun. 2007b.

______. Public bureaucracy and rulling classes in Brazil. *São Paulo School of Economics of the Getúlio Vargas Foundation,* Jan. 2007c.

______. Doença holandesa e sua neutralização: uma abordadem ricardiana. *Escola Brasileira de Economia e Finanças da Fundação Getúlio Vargas*, p.1-36, Dez. 2007d.

______. The key Institution to Economic Growth. *São Paulo School of Economics of the Getúlio Vargas Foundation*, April, 2008a.

______. The Duthc disease and its neutralization: a Ricardian approach. *Brazilian Journal of Political Economy*, v.28, n.1 (109), p.47-71, Jan./Mar. 2008b.

BRESSER-PEREIRA, L. C.; GALA, P. Porque a poupança externa não promove crescimento. *Revista de Economia Política*, São Paulo, v.27, n.1, p.3-19, jan./mar. 2007.

BRESSER-PEREIRA, L. C.; NAKANO, Y. O contrato social ausente. *Estado e Sociedade*, Brasília, v.12, n.2, p.13-39, jul. 1998.

BRESSER-PEREIRA, L. C.; THORSTENSEN, V. Do Mercosul à integração americana. *Política Externa*, São Paulo, v.1, n.3, p.122-45, dez. 1992.

BURNETT, S. *A corpus-based study of translational English*. 1999. Dissertação (Mestrado em Tradução) – Centre for Translation and Intercultural Studies, University of Manchester. Manchester, 1999.

BUTLER, C. S. *Statistics in linguistics*. Oxford: Blackwell, 1985.

CAMARGO, D. C. Estudos tradutológicos baseados em *corpus* de textos técnicos, corporativos e jornalísticos. *Tradução & Comunicação – Revista Brasileira de Tradutores*, São Paulo, v.10, p.33-46, 2001a.

______. Corpus-based translation research on legal, technical and corporate texts. *Across*, 2, Budapeste: Akadémiai Kiadó RT, 2001b. p.113-25.

______. *Padrões de estilo de tradutores* — PETra: Investigação em *corpora* de traduções literárias, especializadas e juramentadas. Projeto de Pesquisa apresentado como requisito parcial para aprovação do Plano Trienal para 2004-2006. São José do Rio Preto: Unesp/Ibilce, 2004. 30f.

______. *Padrões de estilo de tradutores*: um estudo de semelhanças e diferenças em *corpora* de traduções literárias, especializadas e juramentadas. 2005. Tese (Livre-Docência em Estudos da Tradução) – Instituto de Biociências, Letras e Ciência Exatas, Universidade Estadual Paulista "Júlio de Mesquita Filho". São José do Rio Preto, 2005.

______. *Metodologia de pesquisa em tradução e linguística de corpus*. São Paulo; São José do Rio Preto: Cultura Acadêmica; Laboratório Editorial do Ibilce, Unesp, 2007. v.1. 65p.

CAMARGO, D. C. et al. Uso de expressões fixas e semifixas em contratos submetidos à tradução juramentada. *Estudos Linguísticos*, Campinas, v.34, p.1373-8, 2005.

CAMPBELL, A. S. Tradutores públicos e traduções juramentadas no Brasil. In : PORTINHO, W. M. et al. *A tradução técnica e seus problemas*. São Paulo: Álamo, 1983, p.107-46.

CARDOSO, F. H.; FALETTO, E. *Dependência e desenvolvimento na América Latina*: ensaio de interpretação sociológica. 7.ed. Rio de Janeiro: LTC, 1996. 144p.

______. *Dependency and development in Latin America*. Trad. Marjory Mattingly Urquidi. California: California University, 1978. 227p.

CATFORD, J. C. *A Linguistic Theory of Translation*. Londres: Oxford University Press, 1965.

______. *Uma teoria linguística da tradução*. Trad. Centro de Especialização de Tradutores de Inglês, do Instituto de Letras da PUC (Campinas). São Paulo/Campinas: Cultrix / PUCCamp., 1980.

CHEREM, L. *Um olhar estrangeiro sobre a obra de Clarice Lispector*: leitura e recepção da autora na França e no Canadá (Quebec). 2003, 197f. Tese (Doutorado em Letras) – Faculdade de Filosofia, Letras e Ciências Humanas, Universidade de São Paulo. São Paulo, 2003.

CORRÊA, R. H. M. *Barreiras culturais da tradução*: um estudo da obra de Jorge Amado traduzido para o inglês. 1998. 226f. Tese (Doutorado em Letras/Linguística Geral) – Faculdade de Filosofia, Letras e Ciências Humanas, Universidade de São Paulo. São Paulo, 1998.

COSTA. L. A. João Ubaldo Ribeiro, tradutor de si mesmo. In: ENCONTRO NACIONAL DE TRADUTORES, 5, 1994. Salvador. *Anais*... São Paulo: Humanitas, 1996, p.181-90.

COUTINHO, W. *João Ubaldo Ribeiro:* um estilo de sedução. Rio de Janeiro: Relume Dumará, 1998.

CUENCA, M. J. Two ways to reformulate: a contrastive analysis of reformulation markers. *Journal of Pragmatics*, v.35, p.1069-93, 2003.

DICCIONÁRIO DE CIÊNCIAS SOCIAIS. Rio de Janeiro: Editora Fundação Getulio Vargas, 1986.

DICIONÁRIO DE SOCIOLOGIA. 7.ed. Porto Alegre: Globo, 1977.

DINIZ, M. H. *Dicionário jurídico*. São Paulo: Saraiva, 1998. 4v.

EATON, J. *Manual de economia política*. Trad. Waltensir Dutra. Rio de Janeiro: Jorge Zahar Editor, 1965.

EVEN-ZOHAR, I. The position of translated literature within the literary polysystem. In: HOLMES, J. S.; LAMBERT, J.; VAN DEN BROECK, R. (eds.). *Literature and translation*. Leuven: ACCO, 1978, p.117-27. [Versão revisada in VENUTI, L. (ed.). *The translation studies reader*. Londres/Nova Iorque: Routledge, 2000, p.192-7].

FEITOSA, V. C. *Redação de textos científicos.* Campinas: Papirus, 1991.

GOTLIB, N. *Clarice Lispector: uma vida que se conta.* 1993. Tese (Livre-Docência) – Faculdade de Filosofia, Letras e Ciências Humanas, Universidade de São Paulo. São Paulo, 1993.

GÜLICH, E.; KOTSCHI, T. Les actes de reformulation paraphrastique dans la consultation *La dame de Caluire.* In: BANGE, P. (Org.) *L'analyse des interactions verbales.* La dame de Caluire une Consultation. Berna: P. Lang, 1987. p.15-81.

______. Discourse production in oral communication. In: QUASTHOFF, U. M. (Org.) *Aspects of oral communication.* Berlin; New York: de Gruyter, 1995. p.30-66.

HEIM, M. H.; TYMOWSKI, A. J. *Guideliness for the translation of social science texts.* New York: American Council of Learned Societies, 2006. 30p.

HELLER, W. *Dicionário de economia política.* São Paulo: Labor S.A., 1950.

HERMANS, T. The translator's voice in translated narrative. *Target,* v.8, n.1, 1996, p. 23-48.

HOUSE, J. *Translation quality assessment*: a model revisitorg. Tubingen: Gunter Narr, 1977, 1981, 1997.

JOHNSON, A. G. *Dicionário de sociologia*: guia prático da linguagem sociológica. Trad. Ruy Jungmann. Rio de Janeiro: Jorge Zahar Editora, 1997.

______. *The Blackwell Dictionary of Sociology*: a user guide to sociological language. 2.ed. Oxford: Blackwell Publishers, 2000.

KOTHARI, N. *Dictionary of political science.* New York: Omega Publications, 2008. 192p.

KRIEGER, M. da G.; FINATTO, M. J. B. *Introdução à terminologia*: teoria e prática. São Paulo: Contexto, 2004.

LACERDA, R. Enfrento. Logo, existo. Uma leitura de Sargento Getúlio. In: RIBEIRO, J. U. *João Ubaldo Ribeiro*: obra seleta. Rio de Janeiro: Nova Aguilar, 2005. p.51-73.

LAVIOSA, S. *Corpus-based translation studies:* theory, findings, applications. Amsterdam; Atlanta: Rodopi, 2002.

LEECH, G. N.; SHORT, M. H. *Style in fiction:* a linguistic introduction to English fictional prose. Harlow: Longman, 1981.

LEECH, G.; SVARTVIK, J. *A Communicative Grammar of English.* Longman: London, ([1975], 1996).

LIMA. A. A. Texto de orelha. In: LISPECTOR, C. *O lustre.* 1.ed. Rio de Janeiro. Agir, 1946.

LIMA, T. C. S. *A tradução e os prazeres de descobrir o mundo de Clarice Lispector*. 2005. 210f. Dissertação (Mestrado em Estudos da Tradução) – Instituto de Bioiências, Letras e Ciências Exatas, Universidade Estadual Paulista "Júlio de Mesquita Filho". São José do Rio Preto, 2005.

LISPECTOR, C. *Uma aprendizagem ou O livro dos prazeres*. Rio de Janeiro: Editora José Olympio, 1969.

______. *Água viva*. Rio de Janeiro: Artenova, 1973.

______. *A descoberta do mundo*. Rio de Janeiro: Rocco, 1999.

______. *An apprenticeship or The book of delights*. Trad. Richard A. Mazzara e Lorri A. Parris. Austin: University of Texas Press, 1986.

______. *Discovering the world*. Trad. Giovanni Pontiero. Manchester: Carcanet Press, 1992.

______. *A hora da estrela*. 22.ed. Rio de Janeiro: Francisco Alves, 1993.

MACHADO, L. Recensão crítica a *O sorriso do lagarto* de João Ubaldo Ribeiro. *Revista Colóquio/Letras. Recensões críticas*, n.121-122, p.274, jul. 1991.

MAGALHÃES, C. Pesquisas textuais/discursivas em tradução: o uso de *corpora*. In: PAGANO, A. (Org.) *Metodologias de pesquisa em tradução*. Belo Horizonte: Fale-UFMG, 2001. cap.4.

MARCUSCHI, L. A. Um *corpus* linguístico para a análise de processos na relação fala e escrita. In: *Simpósio Corpus Linguístico*, 11 InPLA, São Paulo, PUC-SP, maio 2001.

MARTINS, E. F. *Uma análise da tradução de marcadores culturais em* Sergeant Getulio *e* The Lizard's Smile, *à luz da Linguística de Corpus*. 2009. 157f. Dissertação (Mestrado em Linguítica Aplicada) – Instituto de Biociências, Letras e Ciências Exatas, Universidade Estadual Paulista "Júlio de Mesquita Filho". São José do Rio Preto, 2009.

MAYORAL ASENSIO, R. *Translation practices explained*. Manchester: St. Jerome Publishing, 2003.

MUNDAY, J. *Systems in translation:* a computer-assisted systemic analysis of the translation of Garcia Márques. Bradford, 1997. Tese (Doutorado) – University of Bradford (UK).

MUTESAYIRE, M. Reformulation markers and explicitation: a corpus-based study. In: INTERNATIONAL CONFERENCE ON CORPUS-BASED TRANSLATION STUDIES: Research and Applications. Pretoria, África do Sul, 2003. *Anais*... Pretoria, 2003

______. *Investigating lexical explicitation in translated English: a corpus-based study*. 2005. Thesis (Ph.D) – University of Manchester. Manchester, 2005.

MIYAZAKI, T. Y. *Um tema em três tempos. João Ubaldo Ribeiro, João Guimarães Rosa, José Lins do Rego*. São Paulo: Editora Unesp, 1996.

NEWMARK, P. *Approaches to translation*. Oxford: Pergamon Press, 1981, 1982.

NIDA, E. Linguistic and ethnology in translation problems. *Word*, v.1.2, p.194-208, 1945.

NOVO AURÉLIO SÉCULO XXI, 3.ed. Rio de Janeiro: Nova Fronteira, 1999.

NUNES, B. *O drama da linguagem*: uma leitura de Clarice Lispector. 2.ed. São Paulo: Ática, 1995.

ORENHA, A. *A compilação de um glossário bilíngue de colocações, na área de negócios, baseado em corpus comparável*. 2004. 233f. Dissertação (Mestrado) – Faculdade de Filosofia, Letras e Ciências Humanas, Universidade de São Paulo. São Paulo, 2004.

PAIVA, P. T. P. *Estudo baseado em corpora de traduções e três glossários bilíngues nas subáreas de anestesiologia, cardiologia e ortopedia*. 2006. 223f. Dissertação (Mestrado) –Instituto de Biociências, Letras e Ciências Exatas, Universidade Estadual Paulista "Júlio de Mesquita Filho". São José do Rio Preto, 2006.

PAIVA, P. T. P.; CAMARGO, D. C. Estudos da tradução baseados em *corpus* e linguística de *corpus*: levantamento de termos médicos para a elaboração de um glossário bilíngue. *Estudos Linguísticos*, São Paulo, v. 2, p.428-36, 2007.

PORTELA, E. A forma expressional de Clarice Lispector. *Jornal do Comércio*, Rio de Janeiro, 9 out. 1960.

QUIRK, R. et al. *A comprehensive grammar of the English language*. London: Longman, ([1973], 1985).

RIBEIRO, E. L. P. *Um estudo de marcadores culturais da obra* An Invincible Memory *pelo autotradutor João Ubaldo Ribeiro*. 2005. 161f. Dissertação (Mestrado em Estudos Linguísticos: Linguística Aplicada) – Instituto de Biociências, Letras e Ciências Exatas, Universidade Estadual Paulista "Júlio de Mesquita Filho". São José do Rio Preto, 2005.

RIBEIRO, J. U. *Sargento Getúlio*. Rio de Janeiro: Nova Fronteira, 1971.

______. *Sergeant Getulio*. Boston: Houghton Mifflin Company, 1978.

______. *O sorriso do lagarto*. Rio de Janeiro: Nova Fronteira, 1989.

______. *The Lizard's Smile*. Transl. Clifford Landers. New York: Atheneum, 1994.

ROCHA, C. F. *Tradução juramentada de contratos de compra e venda*: uma análise do uso de termos simples, expressões fixas e semifixas na direção inglês/português. 2007. Dissertação (Mestrado em Estudos da Tradução) – Instituto de Biociências, Letras e Ciências Exatas, Universidade Estadual Paulista "Júlio de Mesquita Filho". São José do Rio Preto, 2007.

RODRIGUES, C. C. *Tradução:* teorias e contrastes. *Alfa*, São Paulo, n.34, p.121-8, 1990.

______. Análise das propostas teóricas de tipologias de textos e tradução. *Stylos*, São José do Rio Preto, v. 98, p.11-28, 1991.

______. Tradução e diferença. São Paulo: Editora Unesp, 2000.

RUGGERO, N. *O olhar feminino nas crônicas de Maria Judite e Clarice Lispector*. 2000. 142f. Dissertação (Mestrado em Estudo Comparados em Literatura de Língua Portuguesa) – Faculdade de Filosofia, Letras e Ciências Humanas, Universidade de São Paulo. São Paulo, 2000.

SÁ, O. de. *A escritura de Clarice Lispector*. 3.ed. Petrópolis: Vozes, 2000.

SACCONI, L. A. *Nossa gramática*. São Paulo: Atual, 1989.

SCOTT, M. N. *Normalisation and reader's expectation*: a study of literary translation with reference to Lispector's *A hora da estrela*. 1998. 318f. Tese (Doutorado em Filosofia) – Universidade de Liverpool. Liverpool, 1998.

SCOTT, M. *WordSmith tools*: Software para Windows 3.1, 95 e 98, Oxford: University. Versão 3, desenvolvido por Mike Scott. 1999

SINCLAIR, J. *Corpus, concordance, collocation*. Hong Kong: Oxford University Press, 1991.

______. *Lexicographer's needs*. Pisa Workshop on text corpora, 1992.

______. *EAGLES* preliminary recommendations on corpus typology. *EAGLES* document EAG TCWG CTYP/P. Pisa: Consiglio Nazionale delle Ricerche/Istituto di Linguistica Computazionale. Manuscrito não publicado. 1996. Disponível em: <ftp://ftp.ilc.pi.cnr.it>. Acesso em dez. 2003.

SOUZA E SILVA, N. A. Saúde cardiovascular na era tecnológica. *Arquivos Brasileiros de Cardiologia*, São Paulo, v. 83, n. 6, p.453-455, dez. 2004

TOGNINI-BONELLI, E. *Corpus linguistics at work*. Studies in corpus linguistics. Amsterdam: John Benjamins Publishing Company, 2001. v.6.

______. Functionally complete units of meaning across English and Italian: towards a corpus driven approach. In: ALTENBERG B.; GRANGER, S. (orgs.). *Lexis in contrast:* corpus-based approaches. Amsterdam: John Benjamins Publishing Company, 2002, p.73-96.

TOURY, G. The nature and role of norms in literary translation. In: HOLMES, J.; LAMBERT, J.; VAN DEN BROECK, R. (Ed.). *Literature and translation*. Leuven: ACCO, 1978. p.83-100. [Versão revisada em VENUTI, L. (Ed.). *The translation studies reader*. London; New York: Routledge, 2000. p.198-211].

TYMOCZKO, M. Computerized corpora and the future of Translation Studies. *Meta*. v.43, n.4, p.652-9, 1998.

VALIDÓRIO, V. C. *Análise de marcadores culturais em duas obras de Jorge Amado, traduzidas por Gregory Rabassa*. 2006. 181 f. Dissertação (Mestrado em Estudos da Tradução) – Instituto de Biociências, Letras e Ciências Exatas, Universidade Estadual Paulista "Júlio de Mesquita Filho". São José do Rio Preto, 2006.

VARIN, C. *Línguas de fogo*. Ensaio sobre Clarice Lispector. Trad. Lúcia Peixoto Cherem. São Paulo: Limiar, 2002.

VENUTI, L. Simpático. *Trabalhos em Linguística Aplicada*, Campinas, Unicamp/IEL, v.19, p.21-39, jan-jun 1992.

______. *The translator's invisibility*. Londres/Nova Iorque: Routledge, 1995.

______. *The scandals of translation*. Londres/Nova Iorque: Routledge, 1998.

WEBB, M. *A Corpus-based investigation into the translational and non-translational style of a professional translator*: a case study on Giovanni Pontiero. 2004. Dissertação (Mestrado) –University of Manchester. Manchester, 2004.

WORDSMITH TOOLS. Oxford University Press. Disponível em <http://www.lexically.net/ wordsmith/index.html>. Acesso em: 12 jan. 2008.

## Publicações

ACTA ORTOPÉDICA BRASILEIRA. São Paulo: Sociedade Brasileira de Ortopedia, 2003-2004.

ANESTHESIA & ANALGESIA. Baltimore: International Anesthesia Research Society, 2004.

ANESTHESIOLOGY. Philadelphia: [s.e.], 2004.

ARQUIVOS BRASILEIROS DE CARDIOLOGIA. São Paulo: Sociedade Brasileira de Cardiologia, 2000-2004.

BCM CARDIOVASCULAR DISORDERS, London: BioMed Central, 2004.

CLINICAL ORTHOPAEDICS AND RELATED RESEARCH. Philadelphia: The Association of Bone and Joint Surgeons, 2004-2005.

CONTINUING EDUCATION IN ANAESTHESIA. New York: Cristica Care & Pain, oct. 2004.

CURRENT INTERVENTIONAL CARDIOLOGY REPORTS. Philadelphia: Current Medicine Group, 2001.

CURRENT ORTHOPAEDICS. New York: Elsevier, 2004.

HELLENIC JOURNAL OF CARDIOLOGY. Athens: Hellenic Cardiological Society, 2004.

JOURNAL OF FOOT AND ANKLE SURGERY. Baltimore: Elsevier, 2005.

JOURNAL OF THE AMERICAN COLLEGE OF CARDIOLOGY, New York: American College of Cardiology Foundation, 2004.

REVISTA BRASILEIRA DE ANESTESIOLOGIA. Rio de Janeiro: Sociedade Brasileira de Anestesiologia, 2002-2004.

REVISTA BRASILEIRA DE ORTOPEDIA. Rio de Janeiro: Sociedade Brasileira de Ortopedia e Traumatologia, 2003.

THE ORTHOPEDICS. New Jersey, [s.e.], 2004.

# Sobre os autores

*Diva Cardoso de Camargo* possui doutorado (1993) em Tradução pela Universidade de São Paulo (USP), pós-doutorado (2003) em Estudos da Tradução por The University of Manchester e livre-docência (2005) em Estudos da Tradução pela Universidade Estadual Paulista "Júlio de Mesquita Filho" (Unesp), *campus* de São José do Rio Preto. Atualmente é professora aposentada da Unesp, onde atua como professora voluntária. É coordenadora projeto "PETra: Padrões de Estilo de Tradutores". Tem experiência nas áreas de Linguística e Letras, com ênfase em Estudos da Tradução, atuando principalmente nos seguintes temas: tradução literária, tradução especializada, tradução juramentada, ensino de tradução, estudos da tradução baseados em *corpus*, linguística de *corpus* e literatura brasileira traduzida.

*Thereza Cristina de Souza Lima* possui graduação (1976) em Letras pela Universidade Santa Úrsula, especialização (1999) em língua inglesa, mestrado (2005) e doutorado (2011) em Estudos Linguísticos pela Universidade Estadual Paulista "Júlio de Mesquita Filho" (Unesp). É colaboradora do projeto "PETra: Padrões de Estilo de Tradutores". Foi professora de Língua Inglesa na Universidade Federal do Mato Grosso do Sul, na Universidade Santa Úrsula e nas Faculdades Integradas Ruy Barbosa. É professora nos cursos de pós-graduação do Instituto Brasileiro de Pós-Graduação e Extensão (Ibpex) e nos cursos de graduação do Centro Universitário Internacional Uninter. É também professora no curso de pós-graduação da Pontifícia Universidade Católica do Paraná (PUC/PR) ministrando a disciplina Linguística de *Corpus*. Tem experiência na área de Letras e de Linguística, com ênfase em Línguas Estrangeiras Modernas, atuando principalmente nos seguintes temas: *corpus linguistics, corpus-based translation research; translation studies; English language, English and American literature.*

*Emiliana Fernandes Bonalumi* possui graduação (1998) em Letras, com habilitação em Tradutor (bacharelado), graduação (1999) em Letras Português e Inglês (licenciatura), ambas pela Universidade Presbiteriana Mackenzie, mestrado (2006) em Estudos Linguísticos e doutorado (2010) em Estudos Linguísticos pela Universidade Estadual Paulista "Júlio de Mesquita Filho" (Unesp). Atualmente é professora na Universidade Federal do Mato Grosso, *campus* de Rondonópolis. Tem experiência na área de Letras, com ênfase em Tradução, atuando principalmente nos seguintes temas: ensino de língua inglesa, procedimentos técnicos de tradução, culturas de línguas inglesas, estudos de tradução baseados em *corpus*, linguística de *corpus*, tradução, tradução literária e literatura brasileira traduzida.

*Elisangela Fernandes Martins* possui graduação (2004) em Letras pela Faculdade Integrada de Mirassol, mestrado (2009) em Estudos Linguísticos pela Universidade Estadual Paulista "Júlio de Mesquita Filho" (Unesp), e é doutoranda na mesma universidade. Atualmente é professora e coordenadora pedagógica do curso de Letras da União das Faculdades dos Grandes Lagos. Atua principalmente nos seguintes temas: estudos da tradução baseados em *corpus*, linguística de *corpus*, tradução literária, João Ubaldo Ribeiro, Patricia Melo.

*Paula Tavares Pinto Paiva* possui graduação (1992) em Letras, com habilitação em Tradutor pela Universidade Estadual Paulista

"Júlio de Mesquita Filho" (Unesp), graduação (1998) em Letras, com licenciatura plena pela Faculdade de Filosofia, Ciências e Letras de Bebedouro, especialização (2007) em Estudos Avançados da Língua Inglesa, mestrado (2006) e doutorado (2009) em Estudos Linguísticos pela Unesp. Realizou estágio de doutorado na Universidade de Manchester, Inglaterra (2009). É orientadora de bolsistas de Iniciação Científica (PIBIC/PIBID), coordenadora do projeto de *English Teaching Assistants* (Capes/Fulbright) no Ibilce e pesquisadora de grupos cadastrados no CNPq. Atualmente é professora vinculada ao Departamento de Letras Modernas da Unesp, *campus* de São José do Rio Preto. Tem experiência na área de Linguística com ênfase em Linguística Aplicada, atuando principalmente nos seguintes temas: estudos da tradução, Linguística de *corpus*, terminologia bilíngue, ensino e aprendizagem de língua estrangeira.

*Talita Serpa* possui graduação (2004) em Ciências Sociais, com ênfase em Ciência Política, pela Universidade Federal de São Carlos (UFSCar), graduação (2009) em Letras, com habilitação em Tradução, e mestrado em Estudos da Tradução pela Universidade Estadual Paulista "Júlio de Mesquita Filho" (Unesp). Atua principalmente nos seguintes temas: estudos da tradução baseados em *corpus*, tradução, tradução de textos na área de Ciências Sociais e Linguística de *corpus*.

*Adriane Orenha-Ottaiano* possui bacharelado em Letras com habilitação para Tradutor, pela Universidade Estadual Paulista "Júlio de Mesquita Filho" (Unesp), mestrado em Estudos Linguísticos e Literários em Inglês pela Universidade de São Paulo (USP) e doutorado em Estudos Linguísticos pela Unesp. É colaboradora do projeto "PETra: Padrões de Estilo de Tradutores" e coordenadora do Grupo de Pesquisa "Pedagogia do Léxico, da Tradução e Linguística de *Corpus*". Foi professora do curso de licenciatura em Letras e Tradução e Interpretação da União das Faculdades dos Grandes Lagos, e dos cursos de Automação Industrial e Gestão Empresarial da Fatec. Ministrou cursos de pós-graduação na Fundação de Amparo à Pesquisa de São José do Rio Preto (Faperp) e Unibero (São Paulo). Atualmente é professora do Departamento de Letras Modernas da Unesp, *campus* de São José do Rio Preto. Tem experiência na área de Linguística, com ênfase em Estudos da Tradução, ensino de inglês como LE e Linguística de *corpus*, atuando principalmente nos seguintes temas: *corpus*, *corpus* de aprendizes, ensino de LE, fraseologia (colocações, colocações estendidas e unidades fraseológicas especializadas), tradução jurídica e juramentada.

*Celso Fernando Rocha* possui graduação (2004) em Letras Tradução (língua inglesa e espanhola) e doutorado (2007) em Linguística Aplicada, ambos pela Universidade Estadual Paulista "Júlio de Mesquita Filho" (Unesp). Foi professor da Faculdade de Tecnologia de São José do Rio Preto entre 2008 e 2010; atualmente é professor-assistente do Departamento de Letras Modernas na Unesp, *campus* de São José do Rio Preto, e leciona língua espanhola para os cursos de licenciatura e bacharelado em Letras com habilitação de tradutor. Tem experiência na área de Linguística, com ênfase em Tradução, atuando principalmente nos seguintes temas: tradução juramentada, linguística de *corpus*, estudos da tradução baseados em *corpus*, ensino de língua inglesa e espanhola.

SOBRE O LIVRO

*Formato*: 14 x 21 cm
*Mancha*: 23,7 x 42,5 paicas
*Tipologia*: Horley Old Style 10,5/14
*Papel*: Off-set 75 g/m² (miolo)
Cartão Supremo 250 g/m² (capa)
*1ª edição*: 2012

EQUIPE DE REALIZAÇÃO

*Coordenação Geral*
Marcos Keith Takahashi

Impressão e Acabamento:

psi7

Printing Solutions & Internet 7 S.A